OLLANTAY GONZÁLEZ SERGA

LOS RUIDOS DEL SER

Un corazón entre neuronas dramas y ADN

Tu magia en la fábrica de creencias

INTRODUCCIÓN AL COMPORTAMIENTO

Diseño de portada e interior del autor.
Primera edición terminada en Julio de 2020, Venezuela.
ISBN 9781709430473
Para ponencias y conferencias con el autor:
Email: egosytemperamentos@gmail.com
Instagram: @egos3000

Dedicatoria

A mis estrellas genealógicas: Mis tres hijos que no alcanzaron nacer, que honro y bendigo y a los que nacieron, *Sley Namaste, Gretta Sajary y Ollantay Manuel.* Mis bellos y espectaculares padres, mi papá *Luis Alfonso,* de quien heredé la raza blanca europea de los ancestros González de la isla de La Palma Canaria y mi mamá *Feliciana Margarita,* de quien heredé la raza negra africana de los ancestros Serga de Turiamo bahía venezolana, mixtura de dos conciencias diferentes y enriquecedoras. A la memoria de *Maximina,* mi amorosa y tierna abuela materna, forjadora de mi carácter y resiliencia. En fin, a todos mis cuestionadores curiosos de este laberinto de energía sutil llamada vida.

ÍNDICE

INTRODUCCIÓN 9

CAPÍTULO 1
LOS RUIDOS DE LAS EMOCIONES CUÁNTICAS 11

Ubicación de las ciencias de las emociones. Antecedentes de la física y la química molecular. Electromagnetismo y ADN. Fuerza del átomo en el circuito emocional. Emociones y tipología. Sentimientos. Diferencial de emoción y sentimiento Instalación de la biocodificación de la memoria psicológica. El proceso neurológico de las emociones y la cognición. Árbol Dendrítico: Síndromes de Down (SD) y Bipolaridad. Gestión emocional del proceso sinóptico neuronal. Adherencia de las emociones primarias en el cuerpo calloso. Hipotálamo. Neuronas espejo. cT y la transdiferenciación neuronal. Neurotransmisores.

CAPÍTULO 2
LOS RUIDOS DE LA MENTE 45

Teoría de la mente. La mente. Quantum de la mente. Entrelazamiento cuántico. El entrelazamiento de la energía sutil y su efecto fantasma. Entrelazamiento cuántico y el programa espacial chino. Memoria del agua. El ejército americano y la energía sutil. Energía sutil de la voz y la música en el agua. La cripta de la física cuántica.

CAPÍTULO 3
LOS RUIDO DE LA PERSONALIDAD 59

Perspectiva histórica de la personalidad. Conceptos de personalidad. Elementos de la personalidad. Estados de ánimo. Clasificación del temperamento por Hipócrates y Galeno. Teoría de los cinco grandes por Lewis Goldberg. El consciente. Autoestima o autoconcepto. Tipos de autoestima. Trastorno de la autoestima. Origen histórico del inconsciente. El inconsciente. El caso clínico pionero del inconsciente. Leyes del inconsciente. Mecanismos de defensa inconscientes. Mecanismos inconscientes de defensa primarios. Mecanismos inconscientes de defensa secundarios. Reactancia psicológica. Trastorno mental. Trastornos afectivos y causas. Tipos de trastornos afectivos. Trastorno de la personalidad. La egosintonía y la egodistonía. Tipos de trastornos de la personalidad. Trastorno Paranoide Vigilante. Trastorno Antisocial Pendenciero. Trastorno Esquizoide Ermitaño. Trastorno Esquizotípico. Trastorno Limítrofe Inestable o Borderline. Trastorno Histriónico Teatral. Trastorno Narcisista Egocéntrico. Trastorno por Evitación. Trastorno por Dependencia. Trastorno Pasivo Agresivo. Trastorno Obsesivo Compulsivo. Grados de los trastornos de la personalidad. Misantropía.

CAPÍTULO 4
LOS RUIDOS DE LOS MOVIMIENTOS
QUE TE LIBERAN   125

Biocodificación. Antecedentes históricos de la psicofisiología. Psicofisiología. Plasticidad neuronal. Semiótica general. Antecedentes históricos de la semiótica. Semiótica Lingüística del Triángulo de Ogden y Richards en la teoría del significado del signo lingüístico. Comunicación no verbal y la semiótica cultural. Psicología del color y la semiótica cultural. Pensamiento. Pensamiento lateral y divergente. Pensamiento holístico.

Inteligencias múltiples de Howard Gardner. Inteligencia emocional.

CAPÍTULO 5
LOS RUIDOS DE LAS HABILIDADES
QUE RELACIONAN   151

Habilidades sociales. Tipos de habilidades sociales. Resiliencia. Ley de reciprocidad emocional o ley de las oportunidades. Elementos de la ley de reciprocidad emocional. Teoría de los seis grados de separación. Negligencia emocional. Felicidad. Infelicidad. Escuela del Positivismo. Estrés y tipología. El miedo y su tipología. La culpa y su tipología. La tristeza normal. Duelo psicológico.

CAPÍTULO 6
LOS RUIDOS DE LOS MUERTOS DE FAMILIA
INCONSCIENTE FAMILIAR TRANSGENERACIONAL   171

Genealogía de ego. Psicogenealogía. Sistemas psicogenealógicos. Fundamento teórico del incesto genealógico. Síndromes psicogenealógicos. Importancia del nombre en la psicogenealogía. Importancia del nacimiento en la psicogenealogía. La cripta en la psicogenealogía. Actos simbólicos psicogenealógicos. Curación espontánea y los actos simbólicos.

CAPÍTULO 7
LOS RUIDOS QUE MIDEN Y SANAN EL SER   191

Psicometría. Psicoterapia del psicoanálisis clásico. Psicoterapia de la psicología analítica. Psicoterapia de entrenamiento autógeno. Psicoterapia de análisis bioenergético. Psicoterapia familiar sistémica. Psicoterapia de la psicosíntesis e hipnoterapia. Psicoterapia centrada en el cliente.

Psicoterapia dinámica grupal. Psicoterapia gestalt. Psicoterapia del logo o logoterapia. Psicoterapia de la programación neurolingüística o PNL. Psicoterapia del drama o psicodrama. Psicoterapia de análisis transaccional (AT).

CONCLUSIÓN   207

GLOSARIO   209

BIBLIOGRAFÍA   223

INTRODUCCIÓN

Esta obra está estructurada en 7 capítulos y cada uno de ellos identifica *Los Ruidos del Ser*, esos ruidos que provoca tu cuerpo para avisarte que algo no está bien. Esos ruidos sintomáticos lo detectaras paso a paso, de manera explícita, ordenada, con apoyo de la ciencia, sin sesgos místicos, ni trucos mágicos sobre cómo ser feliz, sin engaños, ni mercadeo emocional. Aquí se activará tu conciencia, tu presente, tu razón, para entender lo que pasa contigo, desde adentro. Le darás respuestas a tu voz interna sobre los *¿por qué?*, de absolutamente todo lo que ocurre con tu mente y tus emociones y a partir de allí, te sentirás libre de mitos, de fantasmas, de insidiosas recetas que mienten por no conocer los procesos biofísico químicos de los sentimientos. Vas a comprender, que lo que te enseñaron por fracaso y éxito, no es más que psicofisiología neuronal, neuroplastia, aeróbica, que conforma uno de los tantos ruidos de tu mente, de tu biología, para llegar a las profundidades, me refiero a esos códigos instalados en ti por la genética familiar, que te hace parte de un sistema de supervivencia y lealtad orgánica. Descubrirás con asombro cómo nace el amor, la empatía, el odio o el rencor y cómo la tristeza te entrega de la mano a la alegría, y el por qué no debes huir de ese impermeable biológico. En estas páginas hallarás herramientas para identificar los trastornos del ser, esos que impiden que te vean como realmente eres, sin las máscaras de defensa del inconsciente. A partir de ahora, estarás en capacidad de observar dentro de tu propio laboratorio emocional, *¡tú vida!* Entrarás a la fábrica del duelo psicológico, a ese hoyo frío y solitario donde solos cabes tú, y del que saldrás renovado, preparado para el amor libre, el amor con límites, el amor de autoestima, porque para él no existe atajo alguno.

Entraras al diseño de tu vida que es una mágica realidad entre corazón, neuronas, dramas y ADN, y afirmarás *¡Me gusta!*, porque fui elegido por la vida para leer este libro.

El autor

CAPÍTULO 1

LOS RUIDOS DE LAS EMOCIONES CUÁNTICAS

Ubicación de las ciencias de las emociones

Las emociones y los sentimientos, que son actos diferenciales y delimitados claramente, ocurren mediante procesos en las ciencias de la física de partículas, la química y la biología molecular. Cuántico nos indica que es muy, pero muy diminuto e imperceptible al ojo humano. Participan además en los procesos emocionales la medicina, la psiquiatría, la psicología, la sociología, la historia, la genealogía dependiente de la historia y la psicogenealogía o transgeneracional, con injerencia de la observación clínica, la genética y las técnicas de recolección genealógicas, las cuales de explican mediante la filosofía y las matemáticas. La primera, explica el empirismo u observación clínica en pacientes, y la segunda, explica la observación y comprobación del fenómeno estudiado, que en el caso de las ciencias de la conducta humana son medidas por la psicometría como ciencia del método de los test.

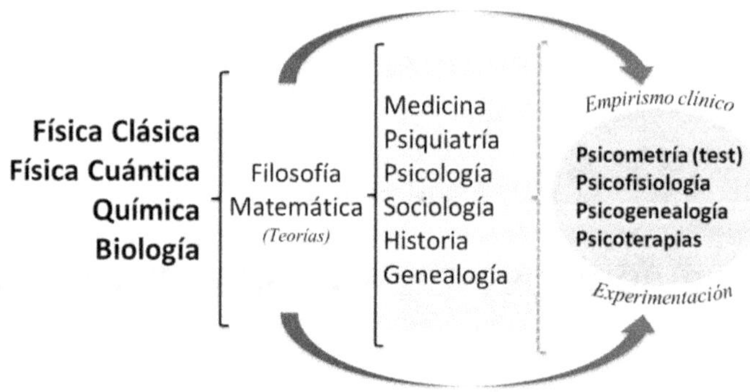

Antecedentes de la física y la química molecular

La física cuántica y la química molecular nacen posteriores a la física y la química clásica, en la que intervinieron investigadores que hicieron posible con sus hallazgos el surgimiento de la edad contemporánea. La física y la química clásica o elemental, como ciencia de los cuerpos y los fluidos, permitieron al hombre madurar el racionamiento científico al poder comprender y dar respuesta a las tareas cotidianas de la raza humana, desnudando la composición y comportamiento de esa materia que nos acompaña con el materialismo de los objetos que utilizamos día a día. Han contribuido a ello, tan solo por citar algunos inquietos investigadores: En 1627, Johannes Kepler, con su ley de movimiento de los planetas alrededor del sol, fomenta la comprensión espacial del universo. En 1687,

Isaac Newton con sus leyes, la ley de la inercia, la ley de la dinámica y la ley de acción y reacción o ley gravitacional, revolucionó la fuerza y el movimiento del mundo físico e hizo posible el modernismo y la colonización del astro lunar. En 1865, James Clerk Maxwell con su teoría de la radiación electromagnética, une la electricidad, el magnetismo y la luz, dando paso a la termodinámica. En 1913, William Henry Bragg y William Lawrence Bragg, con la ley de Bragg, confirmaron la existencia de partículas reales en la escala atómica, proporcionando una técnica muy poderosa de exploración de la materia, la difracción de rayos X. En 1924, Planck con su ley, describe la luz como un gas de fotones y explica el comportamiento de las partículas, sentando las bases de la física cuántica. En 1925, Werner Karl Heisenberg con la ley de incertidumbre o de indeterminación, confirma que es imposible medir simultáneamente y con precisión absoluta el valor de la posición y la cantidad de movimiento de una partícula, implosionando la física cuántica. En 2004, Stephen William Hawking con su teoría de las simas, mejora la teoría de la relatividad general de Albert Einstein, creando la teoría de los agujeros negros afirmando que éstos emiten radiación y confirmando que el universo sigue expandiéndose.

Heredando un nuevo orden científico que nos coloca en la era digital, la era de la física cuántica de las partículas y la química molecular, dentro de una fusión llamado cuerpo humano en el que interviene la ingeniería de la biología genética, desde la cual nacen y se proyectan nuestros centros de emociones y pensamientos, con los que reímos, lloramos, aprendemos, soñamos, nos enamoramos e ilusionamos y nos unimos al mismísimo dios de la creación del *big bang*.

Esta evolución científica, en especial a los aportes de la Ley de Planck de 1924, la Ley de Incertidumbre de 1925 y la Teoría de las Simas o Agujeros Negros de 2004, permitieron ampliar los conocimientos sobre las emociones y los sentimientos como procesos biofísico químicos en el campo de la neurología y la psiquiatría como ciencias de la salud, adminiculando nuevos elementos científicos tales como el Ácidodesoxirribonucleico (ADN), el Ácidoribonucleico (ARN), la energía sutil del entrelazamiento cuántico de las partículas, que presentaron al nuevo milenio un ampliado y sofisticado pensamiento celular que hoy se conoce como neurociencia, bioneuroemoción, psicoemoción o simplemente ciencia de la felicidad. El siglo XX abrió la compuerta al nuevo orden de la psiquis, enriqueció el consciente de Sigmund Freud, el inconsciente colectivo de Carl Gustav Jung, el diseño cartográfico de la red neuronal, las células espejos de Giacomo Rizzolatti, la trama de la bipolaridad neurológica, el estructuralismo parental de Claude Lévi Strauss, el diagnostico de los dramas psicogenealógico de Anne Ancelin Schützenberger y Elisabeth Horowitz, la química de los neurotransmisores cerebrales, el simbolismo en la inteligencia emocional, el poder cognitivo del lenguaje escrito y el lenguaje corporal, los trastornos afectivos de Richard Bentall, los mitos de la felicidad de Sonia Lubomirski, el positivismo de Bárbara Fredrickson Lee, que junto a esta constelación de mentes brillantes, emergieron una vasta gama de modelos psicoterapéuticos y un sin fin de propuestas seudocientíficas de curación y autocuración emocional. Andamiaje éste que será brevemente tratado más adelante.

Electromagnetismo y ADN

La física cuántica o del quantum, del latín *"cantidad"* denota el valor mínimo de las partículas, que permitió entender y ampliar los conocimientos sobre el fenómeno del electromagnetismo, que no es más que, el magnetismo producido por una corriente eléctrica, que en nuestra vida cotidiana lo podemos conseguir en los discos rígidos de las computadoras que almacenan la información en una delgadísima película magnética, en una tarjeta de crédito que guardan nuestros datos en la banda magnética, en el microondas, las señales de radio, los teléfonos móviles, las redes wifi, la bomba atómica, el láser quirúrgico, las difracción en las placas de rayos X, el tomógrafo, , entre un sinfín de invenciones de la edad moderna; y que, en el mundo bioquímico celular, a grandes concentraciones, destruye las proteínas del ADN y a bajas concentraciones, estimula el sistema de defensa de las células para reparar el ADN.

El magnetismo con la electricidad generada a nivel celular, hace posible el comportamiento de las nanas partículas y por consiguiente, interviene en el comportamiento de las neuronas en el sistema nervioso, en la fisiología de la bipolaridad neuronal, en la cognición mental y en desarrollo de nuestra personalidad.

Fuerza del átomo en el circuito emocional

La microscopía fotónica molecular y de partículas en la antimateria, agigantó el campo de la neurociencia y permitió moldear la teoría de la mente y a comprender el ¿cómo? y el ¿dónde? nacen los procesos emocionales y cognitivos. Esa aprendiz, pero afinada microscopía con mucho camino por recorrer, nos entregó la posibilidad de conocer los episodios, las fases del circuito emocional, permitiendo al mismo tiempo, la construcción del teorema computacional.

La mente y los procesos emocionales son parte de la arquitectura edificada por la ciencia de las partículas como la microbiología, la bioquímica y la biofísica. Sólo mediante ellas podemos entender y comprender la exploración del cerebro y del constructo de la mente, demoliendo la creencia de que ese umbral psicológico era intangible y un tanto fantasmal, permitiéndonos examinar los instantes mismos donde ocurre la creación de los pensamientos y sus matices emocionales. La cuántica nos permite comparar una unidad de CPU de un ordenador con el inconsciente clásico de Freud o el inconsciente colectivo de Carl Jung, con la misma osadía comparamos esa red de circuitos computacionales con nuestra red de circuitos emocionales o neurológicos, que a fin de cuentas, nos han permitido globalizadamente ir creciendo con la internet.

Emociones y tipología

Las emociones son reacciones químicas y neuronales producidas por el cerebro cuando detecta un estímulo, objeto o acontecimiento real o rememorado mentalmente, de alguna manera agradable o desagradable, que desencadena una repuesta automática, inconsciente, basada en componentes neurofísicos químicos, como repertorios conductuales aprendidos a lo largo del tiempo, formando un patrón distintivo.

Existen dos tipos de emociones, las básicas o primarias y las secundarias o sofisticadas. La enumeración de cada una de ellas dependerá de la multiplicidad de autores.

Las emociones básicas están constituidas por el *miedo, la ira, el asco, la tristeza, la sorpresa y la alegría*. Estas emociones responderán espontánea e inconscientemente a estímulos externos, sin que participe la voluntad del ser humano, por ser emociones instintivas de protección, de conservación biológica, donde al cesar el estímulo, objeto o acontecimiento que la produjo desaparecerá y es por ello que, es de breve duración, de corto plazo. No dependerá del proceso de pensamiento, ni del análisis de las experiencias asimiladas por la educación y la interacción social, que empieza a gestarse en la niñez, entre los 4 a 5 años de edad, con el surgimiento del proceso cognitivo del pensamiento, a diferencia de las emociones secundarias o sofisticadas que se instalan en la maquinaria del pensamiento, como por ejemplo, la neonata llora cuando tiene hambre, ríe ante la voz de su madre, siente miedo ante un estruendoso ruido o se asusta ante una brusco cambio de temperatura ambiental. Son signos claros donde no participa el poder del pensamiento. La simbología cognitiva del cerebro, una vez que desaparece la causa que la origina, la emoción termina con la misma brevedad con la que afloró.

Por otro lado, podríamos citar las emociones secundarias más coincidentes por los autores del tema, como son *el amor, la sumisión, el temor, el rechazo, el remordimiento, el desprecio.* Las mismas donde participa el proceso del pensamiento, la rutina cognitiva que propicia la simbología con el que, el cerebro se comunica. Estas emociones secundarias se forman bajo sinapsis cerebral a diferencia de las emociones básicas que se forman en el tallo o cuerpo calloso del cerebro por requerir una respuesta inmediata de supervivencia.

En referencia con la rueda de las emociones de Plutchik, éste afirma que las emociones se van combinando en díadas primarias, secundarias y terciarias hasta dar lugar a emociones todavía menos frecuentes, creándose una vasta gama de emociones.

Sentimientos

Los sentimientos son la evaluación consciente que hacemos de la percepción de nuestro estado corporal durante una respuesta emocional. Los sentimientos responden a la conciencia que tenemos del mundo que nos rodea, de objetos mentales que la desencadenan. Ella siempre será de larga duración porque se da de la interacción social, del roce humano.

Pudiéramos citar algunos sentimientos positivos como el amor, la generosidad, el gozo, el afecto, el júbilo, la compasión, la esperanza, la libertad, el logro, la justicia, el agradecimiento, la aceptación, el acompañamiento, la bondad, la admiración, la apreciación, la benevolencia, la empatía, la aprobación, la honestidad, la humildad, la concentración, la templanza, la tolerancia, la motivación, la felicidad, la firmeza, la fortaleza, la autonomía, la honorabilidad, el optimismo, la satisfacción, la seguridad, la simpatía, el cariño, la estima, la comprensión, el entusiasmo, la solidaridad, el respeto, el compromiso, la ilusión, la confianza, el apoyo, la dignidad. Por otro lado, podríamos citar algunos sentimientos negativos como la melancolía, el aburrimiento, el abuso, la desmotivación, la amargura, la angustia, la agresión, la ansiedad, la humillación, la terquedad, la traición, la frustración, el rencor, la preocupación, el pesimismo, la incongruencia, la desilusión, la desolación.

.

Diferencial de emoción y sentimiento

Las emociones que no se perciben como sentimientos son inconscientes y durarán el tiempo en que pensemos en ellos, sin embargo, pueden tener efecto sobre los sentimientos.

Los sentimientos son procesos emocionales más elaborados que se forman cognitivamente con el pensamiento, donde participa la razón y por ello es un mecanismo consciente, que suelen durar más tiempo que las emociones. Los sentimientos se forman después de las emociones, es por eso que, no hay sentimiento sin emoción. Por ejemplo, es opuesto al sentimiento del sufrimiento, la emoción del dolor, y al del sentimiento de la felicidad, la emoción de la alegría.

Instalación de la biocodificación de la memoria psicológica

El cuerpo humano adquiere su combustible energético, a través de los alimentos, los cuales una vez en su interior son asimilados por la pluralidad de células del organismo, para ser distribuidas a cada órgano y estos puedan funcionar mecánicamente con los patrones de información biológica y química que le fueron instalados y grabados al momento de la gestación con la formación del embrión y feto, para que la fisiología la ejecute posteriormente, de allí la *biocodificación*. Esa información es almacenada en el conjunto de células del cuerpo humano, que cuentan con un núcleo, un citoplasma y una membrana protectora que la recubre. Esa información codificada por la propia química humana y desconocido por la ciencia, es grabada en las proteínas de nuestro ADN que se ubica en cada célula de nuestro cuerpo, y desde allí, es ejecutada por su intérprete bioquímico del ARN. Pues bien, esa información biocodificada es monitoreada por el hipotálamo y es de dos tipos, una motora descendente, con actividad endocrina y de homeostasis, que trabaja sobre la fisiología de los órganos del cuerpo como las hormonas, la temperatura, el ritmo cardíaco, la presión sanguínea y otra, psicológica ascendente hacia el cerebro o sistema linfático, con actividad en la motivación y las emociones, que trabaja sobre el hambre, la sed, el frío, el calor, el sexo, el placer, el dolor. Por ello se le llama memoria de biocodificación, formada por la memoria motora o mecánica y por la memoria psicológica o conductual. Ambas biocodificaciones se guardan o alojan en un archivo celular en la ADN de cada cédula, es decir, que no nacemos en blanco o nulos de información, sino que nacemos además de una información mecánica funcional que le permite a la fisiología del organismo operar, nacemos con una información o memoria psicológica que vendrá a completar nuestra conducta, mediante el acervo de experiencias vividas por nuestros antepasados consanguíneos o parentales.

La observación clínica en pacientes por parte de las psicólogas francesas Anne Schützenberger y Elisabeth Horowitz, revelan la fuerza de la información psicológica que nos transmiten genéticamente nuestros ancestros, junto a la información motora y mecánica, todo mediante una rígida estructura desentramada por el antropólogo, filósofo y etnólogo francés Lévi Strauss. La experiencia o memoria psicológica adquirida pareciera que vendrá a acondicionar nuestras supervivencias mediantes algunas órdenes grabadas en nuestro inconsciente, debido a dramas y tragedias familiares ocultas. De ser así, esa memoria psicológica almacenada junto a la codificación motora, formaría parte del trajinado inconsciente Freudiano y Junguiano; lo que ha contribuido a dar fuerza a la rama de la Psicogenealogía, en esa relación intrínseca entre psiquis (alma), genealogía (sangre) y biología molecular (ADN-ARN).

El proceso neurológico
de las emociones y la cognición

El cerebro maneja una variedad de procesos biofísicos químicos que gestan y transforman segundo a segundo nuestra cartografía neurológica, en especial, nuestra forma de sentir y de ver la realidad. Ese cerebro es el único alquimista responsable de transformar emociones en sentimientos, y desarrollar los procesos cognitivos de la percepción, el aprendizaje, los recuerdos y la memoria, con un ejército de 86 mil millones de neuronas, que son protegidas por el doble de cantidad de soldados de células **gliales** o **glía**.

Una neurona por su naturaleza acuosa es un cuerpo químico, encargada de transmitir electricidad mediante mensajes eléctricos al sistema nervioso, para procesar las señales que se proceden en el entorno y en nuestro cuerpo, y coordinar la actividad de los diferentes órganos; una neurona es el hábitat de la ADN y la ARN, que se ubica en su **núcleo**, razón por la que se le llama ácidodesoxirribo<u>nucleico</u> (ADN) y ácidoribo<u>nucleico</u> (ARN); y cuya naturaleza nerviosa la hace un cuerpo físico generador de electricidad, hábitat de **protones** (+), **neutrones** (+-), que se generan en su *núcleo* celular, y de **electrones** (-) que emanan del **citoplasma**, **soma** o **pericarion**, extensión mayor de la anatomía de la neurona, que al fusionarse las cargas eléctricas produce la física cuántica, energizando la neurona mediante una combustión eléctrica que guarda información genética en su proteínas de ADN para luego ser interpretada y transportada por la ARN a otra neurona. Este citoplasma recubierto por la membrana citoplasmática se adhiere a un gran número de ramificaciones o filamentos llamadas ***dendritas*** o ***árbol dendrítico***, que da la sensación de una peluca celular, donde cada dendrita posee otra cantidad de filamentos más cortos llamados ***espinas***.

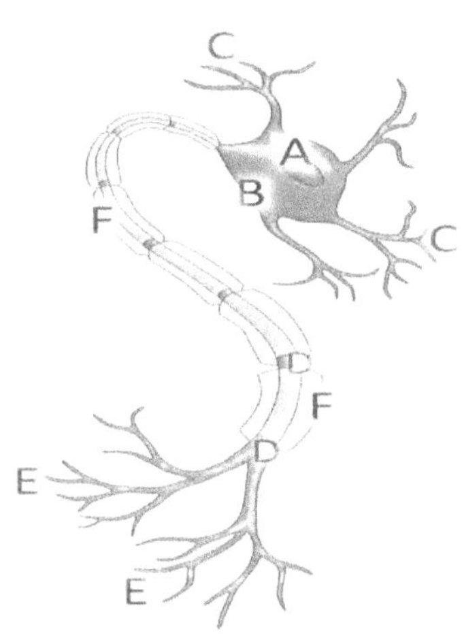

NEURONA:

A. Núcleo

B. Soma-Citoplasma

C. Dendritas

D. Axón

E. Pie o botones

F. Funda de mielina

Las dendritas son responsables de la mayoría de las transmisión de la información de la ADN mediante los ***neurotransmisores*** que ella misma produce, al hacer contacto con otras neuronas, y se le llama neurotransmisores porque entrega la información genética. La neurona está unida a un conducto llamado *axón*, que son fibras nerviosas muy parecidas a un cable de electricidad, cubierto con una ***funda de mielina*** separada por *nudos*, permitiendo a cada nudo mayor rapidez del flujo eléctrico que pasa por su interior, por lo que se le dice impulso nervioso, es decir, cada nudo, ofrece un impulso a la electricidad. Al final del axón se le une los ***botones*** o ***pie terminal***, responsables de captar y recibir los neuroreceptores que a su vez, le son entregados por otra neurona, siendo cíclica y multiforme la información genética, creando una inmensa red de información por todo el sistema límbico, modificando en milésimas de segundos la topografía de la información genéticas de esos impulsos nerviosos.

Esa constante y variable transformación neurológica, aún con la tecnología de microscopía del tomógrafo, hace imposible el dibujo cartográfico de la red neuronal.

Árbol Dendrítico:

Síndromes de Down (SD) y Bipolaridad

Las dendritas presentan espinas dendríticas, que como se dijo, son pequeñas prolongaciones que aumentan su superficie, encargadas de recibir la información del genoma, por lo que, la atrofia o deficiente desarrollo de estas *espinas* se le asocia a los déficits cognitivos (pensamiento), en especial, al trastorno del *síndrome de Down* (SD) o *trisomía 21*, causado por la formación de un tercer cromosoma en el par 21, que le da rasgos físicos peculiares, creado por una copia exacta de uno de ellos, dejando de ser un par cromosómico para convertirse en una tría del cromosoma 21, de allí el nombre de trisomía del par 21 del síndrome, descubierto por el médico británico John Langdon Down en 1866, pero fue su homólogo genetista francés Jérôme Lejeune quien profundizó en las causas del síndrome en 1958 y aunque no se conoce con exactitud las causas que provocan el exceso cromosómico, se le relaciona estadísticamente con una edad materna superior a los 35 años. Quienes adolecen este trastorno genético le aumenta la probabilidad de sufrir enfermedades del corazón, sistema digestivo y sistema endocrino, debido al exceso de proteínas sintetizadas por el cromosoma de más.

La mayoría de las neuronas del organismo son multipolares, quiere decir, de varios polos o extremos, que disponen de un axón y muchas dendritas. Una célula bipolar es un tipo de neurona que tiene solo dos prolongaciones, un axón y una dendrita en vez de un axón y muchísimas dendritas. Precisamente, la ausencia de esas muchísimas dendritas, por tener menos números de espinas dendríticas, causantes de procesar el mayor número de los procesos mentales, como las emociones, es la responsable de que el sujeto no procese con normalidad en los tiempos y ritmos naturales, sus procesos emocionales, razón por la que, vive en los picos o extremos de sus emociones, muy triste por unos tiempos y muy eufórico o feliz en otros, es decir, *maníaco-alegre* o *depresivo-triste*. La bipolaridad neuronal conduce al *síndrome bipolar* o *trastorno maníaco depresivo (alegría y tristeza extrema)*, que producen cambios bruscos en el estado de ánimo, creando trastornos de ansiedad y alimentación que pueden conducir a la obesidad, drogadicción y el alcoholismo, trastorno de déficit de atención con hiperactividad (TDAH), enfermedades cardíacas, tiroides, dolores de cabeza. Esta patología genética es una afección de por vida, tratable con medicamentos y apoyo psicoterapéutico. La bipolaridad no anula el proceso empático por lo que puede establecer silogismo emocional y colocarse en el lugar del otro y ello lo descarta como trastorno de personalidad.

Gestión emocional del proceso sinóptico neuronal

Desnudada la arquitectura neuronal, ahora nos ocuparemos del *proceso sináptico*, de esa área funcional específica, donde ocurre lo que somos y donde se gestan las emociones secundarias, los sentimientos y los procesos cognitivos del pensamiento, como la percepción, el aprendizaje, la memoria, los recuerdos. En tanto que, las emociones básicas, primarias o primitivas, las evaluaremos posteriormente por no formar parte este mecanismo sinóptico, debido a que ellas se gestionan en la corteza del cuerpo calloso del cerebro de manera directa por el propio hipotálamo, por tratarse de emociones de supervivencia.

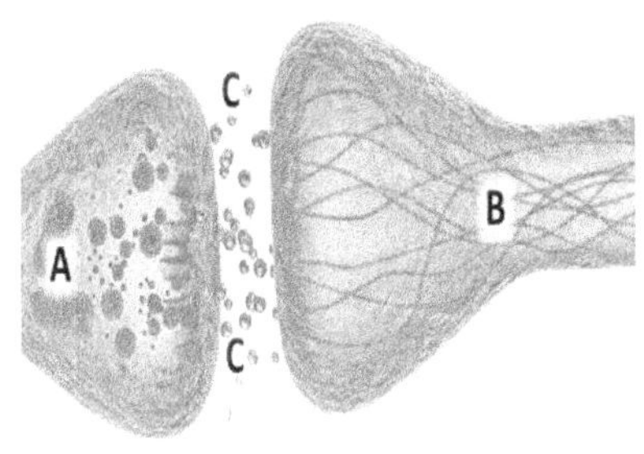

A. Neurona receptora

(Sinapsis química)

B. Neurona emisora

C. Neurotransmisores

Básicamente la **sinapsis** que significa *"unión, enlace"*, es el estrecho espacio o hendidura que se forma en la aproximación intercelular cuando se transmite información de ADN-ARN de una neurona a otra neurona, que ocurre en un solo sentido, por lo que, hay una neurona presináptica y una neurona postsináptica. La neurona presináptica transmite la información genética en sustancias químicas a la neurona postsináptica que es la que recibe la información y la convierte en impulso eléctrico, *momento a partir del cual brotan las emociones secundarias y los procesos cognitivos del pensamiento, sentimientos, recuerdos, memoria, aprendizaje*, que se estiman en unos 600 mil pensamientos al día; para continuar su ciclo. Se ha formado así, los dos tipos de sinapsis, la sinapsis química y la sinapsis eléctrica.

Cada neurona puede estar conectada a 10 mil neuronas, transmitiéndose señales entre, ejecutando 1.000 billones de conexiones sinápticas, lo que equivale, a una computadora con un procesador de 1 billón de bits por segundo. Se cree que la capacidad de memoria del cerebro humano varía de entre 1 a 1.000 terabytes.

Esta red millonaria de células neuronales en sus múltiples y constantes enlaces van construyendo y modificando a cada fracción de milésimas de segundo el paisaje topográfico del cerebro, siendo imposible para la tecnología de ésta época inventariar la red neuronal, que complica el estudio del cuerpo nervioso del cerebro. Este circuito desmonta el mito emocional de que amamos con el corazón, cuando la verdad de la neurociencia nos indica que amamos con el poder de las neuronas y la gestión del hipotálamo, a partir de allí, la tendencia de la psicoemoción es que debemos racionalizar los afectos para construir relaciones emocionales sanas, descabalgando la ficción de Blaise Pascal quien afirmó *"El corazón tiene razones que la razón ignora"*.

Adherencia de las emociones primarias en el cuerpo calloso

Las emociones básicas o primarias obedecen de inmediato al instinto de protección y conservación humana, por lo que, viene instalada con nuestro circuito nervioso central, específicamente en el *tallo* o *cuerpo calloso del cerebro*. Las emociones básicas como el miedo, la ira, el asco, la tristeza, la sorpresa y la alegría, no participan de la razón, es decir, no son elementos cognitivos, por lo que, su naturaleza espontánea no requiere de un proceso de pensamiento, de análisis de las experiencias asimiladas por la educación y la interacción social, que se gesta a partir de los 4 años de edad del infante, momento en el que empieza hacer uso de su capacidad cognitiva, al madurar y desarrollarse el árbol dendrítico del niño, fortaleciéndose con el crecimiento y el transcurrir de la vida.

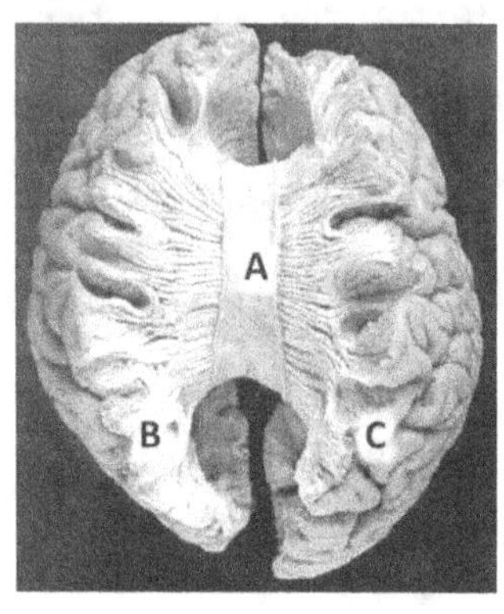

CEREBRO:

A. Cuerpo calloso

B. Hemisferio izquierdo

C. Hemisferio derecho

Hipotálamo

El hipotálamo que significa "*debajo de la cámara nupcial, dormitorio*". Es la región del cerebro más importante por ser el centro de comando neurológico con sus dos tipos de neuronas (*parvocelulares y magnocelulares*) formando parte del prosencéfalo secundario y se sitúa por debajo del tálamo, que regula y coordina las conductas fisiológicas del individuo, la liberación de hormonas y neurotransmisores como oxitocina, dopamina, adrenalina, noradrenalina, la temperatura corporal, aumentando o disminuyendo la frecuencia respiratoria y la sudoración, es decir, aumento del ritmo cardíaco, el oxígeno, la presión sanguínea provocando la sensación de "mariposas en el estómago" y regula el estrés en el equilibrio de energía, controla el ciclo del sueño y de la vigilia (ritmo circadiano), el balance de agua en el cuerpo actuando sobre los riñones, la alimentación, el apetito y la saciedad, ingesta de líquidos, apareamiento y agresión (rabia, tristeza), regula los patrones sexuales y de reproducción, en el caso de los hombres se la asocia con los genitales externos y con receptores de la vesícula seminal, en las mujeres se le asocia con la distensión del cérvix uterino y la vagina durante el parto, la estimulación del pezón por la succión del bebé, facilitando el parto y la lactancia, se asocia al contacto y al orgasmo en hombres como en mujeres.

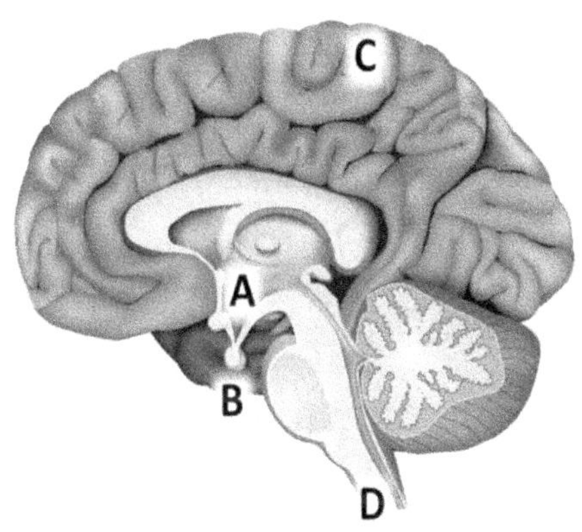

CEREBRO:

A. Hipotálamo

B. Glándula pituitaria

C. Corteza cerebral

D. Tronco o cuerpo calloso

Es pues, el hipotálamo el centro de gestión de la psicofisiología del pensamiento, el aprendizaje, la memoria, los recuerdos y nuestras emociones secundarias y sentimientos. Es la computadora del sistema nervioso, el espacio neuronal donde se procesan las informaciones fisiológicas y psicológicas y se almacena la memoria de los recuerdos más resaltantes o los que más trajinamos, es por ello que, se ubica en el centro mismo del cerebro, para economizar energía al momento de recibir, emanar, reordenar y distribuir las informaciones dentro del sistema cerebral, para luego dar una respuesta al sistema lumbar, como eje piloto de la movilidad y motricidad de nuestro cuerpo, constituido por nuestras vértebras (L1 a L5 y S1 a S5), cóccix, discos intervertebrales (hacen función de amortiguadores, que comprende una zona periférica llamada annulus y otra central llamada núcleo pulposo, que cuando se rompe el annulus, se sale fuera el núcleo y se forma una hernia discal); facetas o articulaciones posteriores, médula-cola de Caballo (la médula espinal termina en la parte baja de L1, desde allí salen las raíces nerviosas que dentro del canal neural forman la *cola de caballo*) y las raíces nerviosas.

Es en esta locación de la anatomía humana, que pudiéramos inferir se encuentra los archivos akáshicos a que se refiere el hinduismo. Esta importante parada de la biología del ser, articula la fusión de neuronas y sinapsis, en especial a la que se refiere a la producción de sustancias químicas, hormonales y neurotransmisores, que hacen posible la ejecución de la sinapsis química, el procesamiento mismo de la información guiada por el ARN hasta la ejecución final de los procesos del pensamiento, emociones y sentimientos en la sinapsis eléctrica neuronal.

Neuronas espejo

Descubierta por el neurobiólogo italiano Giacomo Rizzolatti en 1996, cuando estudiaba el cerebro de monos. Observó que determinadas células cerebrales no sólo se activaban cuando el primate ejecutaba ciertos movimientos, sino cuando éste, contemplaba a otros hacerlo. Las neuronas espejo se encuentran en la corteza parietal, en la corteza premotora y en la circunvolución frontal inferior, siendo responsables de la imitación, que se basa en los mapas mentales de los diferentes comportamientos adquiridos por la experiencia, bajo un aprendizaje del ensayo y el error, lo que indica que estas células espejo utilizan para aprender los primeros pasos básicos del movimiento. Se les llama neuronas *"espejos"* porque la sinapsis interpreta lo que ve en el otro sujeto, como si le ocurriera a sí mismo, como si lo tuviera viviendo, es decir, es la causante de la empatía y por consiguiente de la interacción humana, necesaria para todas las actividades y muy especialmente en la interpretación de la comunicación no verbal. La empatía como la capacidad del individuo para reaccionar ante las experiencias de los otros, es la que permite sentir tristeza cuando vemos llorar a una persona o sentir necesidad de ayudar cuando vemos a una persona tropezar y caer. En la esquizofrenia o psicopatía la ausencia de esta empatía es la predominante diferencia con la mayoría de los trastornos de la personalidad y es la base de la insensibilidad al dolor ajeno y la frialdad emocionalmente en la ejecución de sus acciones, por lo que no siente remordimiento, ni arrepentimiento. También se encuentra disminuida en los trastornos de personalidad límite o borderline y narcisista. El pionero de estas neuronas el Dr. Rizzolatti afirmaría *"Las neuronas espejo son el ladrillo sobre el que se construye la cultura"*.

cT y la transdiferenciación neuronal

La cT, fórmula química como se conoce los linfocitos, un tipo de glóbulo blanco inmunitario elaborado en la médula ósea, que se encuentra en sangre y en tejido linfático. Hay dos tipos de linfocitos, los linfocitos B y los linfocitos T. Los linfocitos B elaboran anticuerpos y los linfocitos T ayudan a destruir las células tumorales como el cáncer y por consiguiente es responsable de patrullar por la sangre en búsqueda de agentes invasores, ya sean externos como los virus y las bacterias o internos como es el caso de las células cancerígenas y destruir.

La Transdiferenciación, es una técnica muy sencilla de manipulación celular, usada en piel, retina y últimamente para la creación de neuronas, para ésta última, investigadores de la Facultad de Medicina de la Universidad de Stanford en los Estados Unidos de Norteamérica en 2010, adicionaron a una célula de linfocito T, cuatro proteínas específicas y en solo unos pocos días se produjo la transformación de linfocito T, a neuronas, la cual puede procesarse tanto en sangre fresca, como en sangre congelada previamente almacenada. Los resultados en un mililitro de sangre fue la transformación en cincuenta mil neuronas.

Los linfocitos y las neuronas no se relacionan, son cuerpos celulares totalmente diferentes; los linfocitos T son de forma redonda, en tanto que, las neuronas tienen forma de un cilindro fino alargado, donde ambas se localizan dentro del cuerpo en áreas muy diferentes y desempeñan labores muy dispares. Aún tales diferencias, hace posible que los linfocitos se transformen en neuronas mediante la transdiferenciación, que aunque conservando algunas de sus funciones, estas nuevas neuronas no tienen la capacidad de conectarse entre sí, de formar sinapsis. Sin embargo, esta metamorfosis facilitará una mayor comprensión de los trastornos mentales genéticamente complejos como el autismo y la esquizofrenia.

Neurotransmisores

Son sustancias químicas o *enzimas*, mensajeros diminutos que transportan información genética de una neurona a otra, mediante la sinapsis y que las produce la propia neurona en su interior. Los neurotransmisores están implicados en los procesos cognitivos como la memoria, el pensamiento, la atención, el lenguaje, el aprendizaje, etc., así como en las emociones y sentimientos, es por ello que, extrae de los alimentos que consumimos la energía vital para el funcionamiento de nuestro sistema orgánico que incluye todos nuestros órganos muy especialmente el cerebro, encargado de producir nuestras ideas y las emociones que nos comunican.

Los neurotransmisores actúan sobre el comportamiento hormonal, que nos dibuja las diferentes emociones o estados de ánimo. Básicamente como comemos, sentimos, coadyuvando el funcionamiento de nuestra fisiología neurológica. Si comemos mal o desbalanceadamente, los neurotransmisores no podrán extraer los nutrientes químicos necesarios para que el organismo asuma respuestas de conductas asertivas y proactivas en sus relaciones humanas.

Los principales neurotransmisores, se alinean en tres grupos, que podríamos clasificarlos en neurotransmisores por la inclinación de sus funciones o tareas.

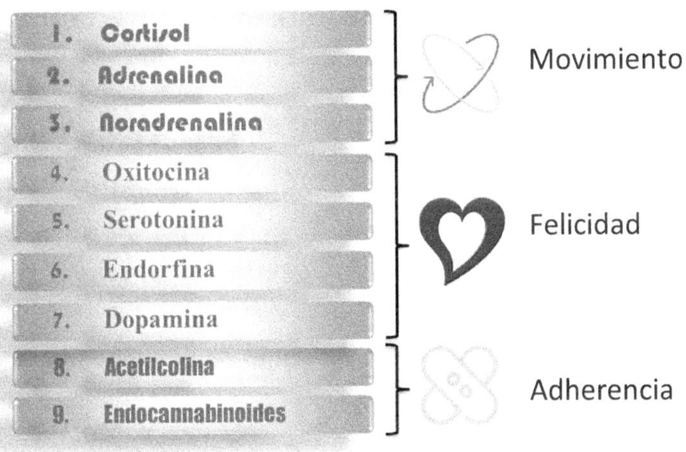

Así tenemos, neurotransmisores por su mayor tendencia a la motricidad y movimientos del cuerpo, neurotransmisores por su mayor tendencia emocional o afectiva, y neurotransmisores por su mayor tendencia a la adherencia de la realidad y el placer.

Los neurotransmisores con mayores tendencias a la motricidad y movimientos del cuerpo son tres: *La adrenalina, la noradrenalina y el cortisol.* Estas hormonas la fabrica la glándula suprarrenal, su parte externa produce el cortisol y su medula interna la epinefrina y norepinefrina, también llamadas adrenalina y noradrenalina. El *cortisol*; Interviene en nuestro humor o estado de ánimos como la ansiedad, la depresión o la irritabilidad y sus niveles óptimos nos hace sentir mentalmente fuertes, claros y motivados. La *adrenalina*; Nos da explosión de energía, aumenta la presión sanguínea y la sangre a los músculos, preparándonos para la huida. La *noradrenalina*; Nos mantiene el estado de alerta, incrementa la atención, la memoria y la motivación, regula nuestro placer sexual y se estimula con actividades novedosas, sorpresivas e inesperadas.

Los neurotransmisores con mayor tendencia emocional y afectiva son cuatro: La *oxitocina, la serotonina, la endorfina y dopamina*. La hormona de la oxitocina es producida por el hipotálamo del cerebro, en tanto que, la hormona de la serotonina se elabora no solo en el cerebro, sino en las plaquetas de la sangre y en los intestinos. La endorfina es una sustancia química que segrega la glándula pituitaria localizada en el cerebro y la dopamina se obtiene de muchas partes del sistema nervioso, como de la sustancia negra y por consiguiente es liberada por el hipotálamo. La *oxitocina*; Construye la confianza y desarrolla las relaciones emocionales, en hombres despierta el ánimo y en mujeres la libido, por lo que, el abrazo y los regalos aumentan la oxitocina. La *serotonina*; regula el sueño, la digestión, la sexualidad, inhibe la ira y la agresión, en donde su reducción estimula el sentimiento de soledad y depresión. La *endorfina*; activa el sentimiento de felicidad, aliviando o bloqueando el dolor. La *dopamina*; Estimula los sentimientos de enamoramiento y la recompensa, bienestar y logro, tolerando conductas adictivas y placenteras como los deportes extremos y la aventura.

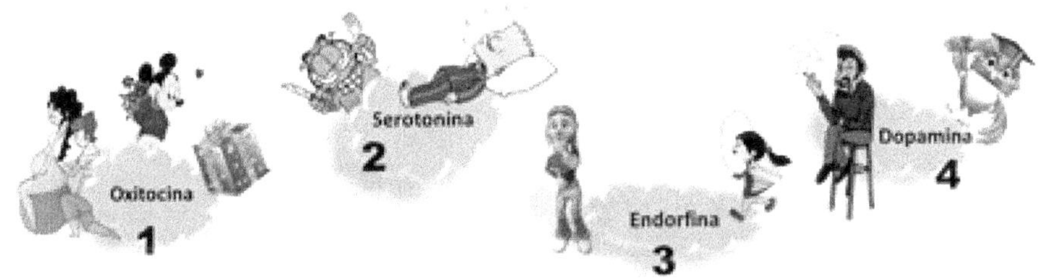

Los neurotransmisores con mayor tendencia a la adherencia de la realidad y al placer son dos: *La acetilcolina y los endocannabinoides*. La acetilcolina es el neurotransmisor más importante que se produce en las neuronas, porque hace posible la transmisión del impulso eléctrico en todo el sistema nervioso central y periférico. Los endocannabinoides son neurotransmisores derivados de ácidos grasos compuestos por enzimas metabólicas y receptores CB1 y CB2, que viven en células que se encuentran en todo el cuerpo, como en el corazón, el hígado, la musculatura, el tejido adiposo, los órganos reproductivos, el tracto gastrointestinal, los intestinos pequeños, el bazo, las células inmunes. La *acetilcolina*; Presente en el aprendizaje, nos ayuda a ubicarnos, entender y ser conscientes de lo que nos rodea, es decir, a adaptarnos, nos ayuda a la digestión, baja la frecuencia cardiaca, permite el paso del sueño a la vigilia y actúa en la percepción del dolor. Los *endocannabinoides*; Dan bienestar tras realizar deportes y la encontramos en el chocolate y pimienta negra.

La alimentación balanceada y la realización de actividades variadas en la cotidianidad, determinará el incremento y disminución de la familia de neurotransmisores y familiarizarse con estas sustancias bioquímicas físicas, sabiendo qué alimentos consumir, y manteniendo nuestros cuerpos ejercitados, estimulará a mejorar nuestros estados de ánimos y al control de nuestras emociones, sentimientos y pensamientos.

CAPÍTULO 2

LOS RUIDOS DE LA MENTE

Teoría de la mente

La Teoría de la Mente es la capacidad de tener consciencia de las diferencias que existen entre el punto de vista de uno mismo y el de los demás, es lo que hace posible que tengamos en cuenta los estados mentales de otros sujetos, como por ejemplo, cuando nos imaginamos lo que está pensando alguna otra persona, así mismo, esta persona puede suponer, a partir de la información que tiene acerca de nosotros. Todo esto puede ser inferido por un bucle teóricamente infinito, sobre el teorema de que "yo creo que tú crees lo que yo creo…".

La Teoría de la Mente, se crea a partir del umbral de los 4 años de edad, momento en cual termina la formación del árbol dendrítico donde se gestan el ochenta por ciento (80%) de los procesos cognitivos del pensamiento, antes, es fallida la formación de la teoría de la mente, como lo determina el experimento del test de la *falsa creencia*, el método clásico para averiguar si un niño o niña ha desarrollado la Teoría de la Mente.

En un ejemplo de esta prueba, el psicólogo manipula dos muñecos para formar una pequeña narración en la que todo ocurre ante la mirada atenta del niño o niña puesta a prueba. Para el primer muñeco enseña un juguete y que éste muestra cómo lo guarda en un baúl cercano, desapareciendo el muñeco de la escena y luego, aparece el segundo muñeco, que saca el juguete del baúl y lo oculta dentro de una mochila apoyada en el suelo y en ese momento, se le pregunta al niño o niña ¿cuándo el primer muñeco vuelva a entrar en la habitación?, por lo que observaremos, *cuál es el primer lugar en el que buscará el juguete*; normalmente, los niños y niñas de menos de 4 años fallarán al dar una respuesta, porque creerán que el primer muñeco tiene la misma información que ellos e irá a buscar en primer lugar a la mochila. Sin embargo, con 4 años la mayoría ya dan una respuesta correcta, prueba de que han hecho la transición hacia la Teoría de la Mente porque ha madurado su árbol dendrítico neuronal y por consiguiente, han abandonado una percepción de la realidad más bien egocentrista.

Esta es una prueba que sólo puede ser solucionada de manera correcta, si se es capaz de diferenciar los propios conocimientos sobre el entorno de lo que otra persona cree acerca de este. El ejercicio puede al mismo tiempo ayudar a detectar casos de trastornos del *Espectro Autista*, ya que las personas que manifiestan síntomas asociados al autismo tienden a mostrar una Teoría de la Mente poco o nada desarrollada.

La mente

La mente es el constructo de un sistema que se independiza del proceso fisiológico bioquímico físico del cerebro, que comprende las capacidades intelectuales de una persona como la percepción, el aprendizaje, la creatividad, el pensamiento, el razonamiento, la conciencia, la inconciencia, la memoria, los recuerdos y la imaginación.

La Percepción; El subsistema que nos permite obtener por medio de los sentidos una interpretación significativa de las sensaciones del mundo exterior y con ella la comprensión de una idea, lo cual involucra el intelecto, por lo que lo acondiciona la edad (experiencia), la genética (inteligencias múltiples) y la cultura (valores sociales), mediante la codificación de símbolos o signos que son transformados por el aprendizaje.

El Pensamiento; El subsistema que procesa lo que percibimos y aprendemos para analizarlo y sacar una conclusión, es decir, para razonarlo.

El Razonamiento; El subsistema que permite resolver problemas, extraer conclusiones y aprender de manera consciente de los hechos.

La Conciencia; El subsistema que nos hace mediar y construir la realidad sobre las diversas divergencias del pensamiento, que permite conseguir el punto neutral donde convergen las diferencias de ideas y conceptos y del que nos devienen aptitudes y tendencias de difícil explicación lógica que por contraposición llamamos inconsciente.

La Memoria; El subsistema que almacena el conocimiento que tenemos sobre lo que ha pasado y las interpretaciones que se han realizado mediante el pensamiento, donde ese almacenamiento se llama Recuerdos.

El Recuerdo; es una imagen del pasado que se tiene guardada en la memoria, que se almacena de acuerdo al grado de importancia de nuestra percepción, entonces, las conexiones sinápticas entre las neuronas, almacenan en sus células las experiencias pasadas, es decir, los recuerdos se encuentran diseminados por diferentes localizaciones, el córtex temporal, los lóbulos frontales, el cerebelo. Un recuerdo es una restauración de lo pasado a partir del material conservado en la memoria, que es gestionado por el hipocampo. Los recuerdos que son almacenamiento de imágenes o experiencias del pasado, sigue tres pasos: 1) La *Codificación*, que recibe, procesa y combina la información recibida; 2) El *almacenamiento*, que crea un registro permanente para cada información codificada, y 3) la *Recuperación*, que es el recuerdo de la información guardada cuando se percibe una señal. Luego, podría decirse que los recuerdos se recuperan en tres tipos principales: El recuerdo libre, el recuerdo con pistas y el recuerdo serial. El *Recuerdo libre*, el que se obtiene de manera aleatoria de una lista de ítems. *El Recuerdo con clave*, el que se genera mediante claves dentro de una lista de ítems que facilita la evocación. El *Recuerdo serial*, el que se obtiene en un orden consecuencial de una lista de ítems o eventos.

La imaginación; El subsistema que permite la manipulación de la información almacenada en la memoria sin la participación de estímulos externos, para desarrollar una representación mental.

Quantum de la mente

El quantum de la mente, son las unidades más imperceptibles de la materia, como las nano partículas que derivan de las moléculas y éstas a su vez del átomo, que se entrelazan entre sí de manera indeterminada, para crear las emociones, los sentimientos, los procesos cognitivos de la razón, y toda percepción que se instala en la psiquis para edificar nuestra realidad personal.

Entrelazamiento cuántico

Es el proceso físico cuántico que interviene en el constructo de la mente, cuando las moléculas, aunque imperceptible al ojo humano, son palpables en las reacciones cognitivas en nuestra interacción social cotidiana, en las que intervienen principios físicos como el *"principio de indeterminación o incertidumbre de Heisenberg"* y el *"principio de superposición"*, responsables de explicar el movimiento imprevisible de las moléculas y su propiedad de estar en muchos sitios al mismo tiempo o de muchas maneras; como una suerte de transportación simultánea, y dado que, es tan pequeñísima e imperceptible su *"masa"* como materia, que se entrelazan esas partículas unas con otras, por lo que, ha sido llamada *"efecto fantasma de la energía sutil"*, explicado mediante el famoso experimento de la *"Doble Rendija"* realizado por Thomas Young en 1801.

El entrelazamiento de la energía sutil y su efecto fantasma

La energía sutil es la transferencia de información que realizan las partículas de una molécula de la ADN cuando se entrelazan unas con otras, que dado su diminuta densidad es como si se traspasaran entre sí, en una especie de efecto de fantasma.

Científicos como Grazyna Fosar y Franz Bludorf revelaron que, una hormiga o abeja reina, separadas o aisladas de su colonia, no alteraban la construcción natural de sus habitas por parte de los insectos trabajadores, sin embargo, si se les aniquilaba, ninguna hormiga o abeja sabe qué hacer, por ser la reina la directora de los planes de construcción y los envía a través de sus nanopartículas de la ADN, que ejecutará la codificación previa almacenada en sus receptores de la AND al ser procreadas.

Entrelazamiento cuántico
y el programa espacial chino

Científicos chinos en 2017, lograron teletransportar por primera vez a más de cien kilómetros (100 km), fotones (partículas de luz) desde una estación situada en la cordillera del Himalaya en la tierra hasta un satélite en órbita en el espacio. Dos partículas que se encuentran entrelazadas a nivel cuántico son separadas a unos mil cuatrocientos kilómetros (1.400 km), para observar qué ocurría cuando una de ellas se modificaba. Se demostró que cuando la partícula que estaba en la tierra se alteraba, en ese mismo instante cambiaba su *gemela* y ello se debía al *entrelazamiento cuántico*. Para esa ocasión se generaron cuatro mil (4.000) parejas de fotones entrelazados durante treinta y dos (32) días y luego separadas y enviadas al satélite, y en 911 casos se consiguieron resultados positivos.

Memoria del agua

El científico francés Jacques Benveniste en 1988, diluyó en agua ADN de bacterias de una enfermedad y demostró que aún muy diluidas la sustancia en el agua, transmite sus características químicas a ésta. Por otro lado, quien fuera el descubridor del SIDA y premio nobel de medicina, el médico francés Luc Montagnier en 2017 realizó un experimento donde en un tubo de ensayo introdujo una muestra de la ADN y en otro tubo colocó agua pura y lo aisló en una cámara del campo electromagnético natural de la tierra para evitar que enturbiara los resultados; Ambos tubos de ensayo lo alojó dentro de una bobina de cobre que emana de un campo electromagnético débil y varias horas más tarde, el contenido de ambos tubos de ensayo se expusieron a reacciones en cadena de la polimerasa para identificar los restos de la ADN y el resultado fue que se recuperó de ambos tubos ADN, a pesar de que el segundo sólo contenía agua. Así la ADN se transfiere de una célula a la siguiente.

Ejército americano y la energía sutil

Científicos del ejército de los Estados Unidos en 1993, compilaron resultados de un experimento donde colectaron una muestra de la ADN de la boca de un voluntario y la colocaron en una cámara especialmente diseñada, donde la muestra de la ADN fue medido eléctricamente para ver si respondía a las emociones de la persona de la cual provenía, y el donante que estaba en otra habitación como a cien metros (100 Mtrs) de distancia, fue expuesto a una serie de imágenes de video, para crearle emociones genuinas en su cuerpo, determinándose que cuando el donante experimentó *picos* y *caídas* emocionales en sus células como la *alegría y la tristeza*, su muestra de la ADN respondió eléctricamente en el mismo instante que la muestra testigo, explicando de esta manera el fenómeno de la *energía sutil*.

Energía sutil de la voz y la música en el agua

El investigador japonés Masaru Emoto, homeopático egresado de la Universidad de Yokohama Japón y la Universidad Internacional Abierta para Medicina Alternativa de la India, fue influenciado por el trabajo de Lee Lorenzen quien estudiaba bioquímica en la Universidad de Berkley, California Estados Unidos, lo que hizo que se dedicara al estudio de las micro partículas del agua o lo que es igual a la *resonancia magnética del agua*. A través del Dr. Lorenzen encontró un resonador de magnético del agua, utilizado en los EE.UU para trabajar con la terapia homeopática muy popular en Alemania, que le permitió medir partículas del agua, lo que Masaru llamaba *Hado o Espíritu del Agua*.

Entre los años 1991 y 1998 el Dr. Masaru Emoto ejecutó varios experimentos con observación sobre el impacto de las palabras y la música en el agua. Tomó dos moléculas de agua, a una le decía *"que la amaba"* y a la otra le decía *"que la iba a matar"*, notándose que la muestra amada poseía una clara belleza y armonía, en tanto que, la muestra agredida daba signos de desorden y lobreguedad. En otro experimento, Emoto, coloca en tres tarros diferentes porciones de arroz cocinado; en el primer tarro escribió la palabra *gracias*, en el segundo no escribió nada y en el tercer frasco escribió la palabra *idiota*, luego, le dijo a cada tarro a viva voz, tarros durante treinta días, la palabra que tenían escritas. El resultado fue, que el tarro con la palabra *gracias* comenzó a fermentarse y a emanar un olor placentero, el que no tenía nada se pudrió y el frasco con la palabra *idiota* se llenó de moho y se volvió negro. Aunque científicamente no es concluyente, pareciera que la observación nos indicara la afectación energética del agua a los estímulos físicos externos, como las vibraciones o modulaciones de la voz humana y la música, es decir, de los espectros del sonido. El agua no posee un sistema de pensamiento, por lo que está impedido de razonar el contenido y significados de las palabras, pero sí posee un sistema de interacción celular como todo ser molecularmente vivo, que es el entrelazamiento cuántico, que le permite responder antes determinados estímulos de afuera. En este sentido, las emociones interpretan un lenguaje escrito y uno corporal o simbólico no escrito, donde participa el movimiento y los sonidos. El agua reacciona a las modulaciones vibracionales del espectro sónico, a los que Emoto llamó los *"Mensajes del agua o las caras del agua"*.

La cripta de la física cuántica

Es un constructo, que pretende explicar ese espacio en nuestra física cuántica del pensamiento, donde hay un predominio de la memoria o codificación psicológica de ciertos eventos traumáticos que sufrió algún miembro de nuestro clan o pariente en vida, que por lo general supera la tercera generación, más allá de nuestros bisabuelos.

De ese lugar, que algunos llaman cripta, como para referirse a una caja mortuoria, pero que muy bien pudiéramos ubicarlo en los códigos de información psicológica almacenada en nuestro ADN, se desprenden sensaciones de anhelos por algo o hacia alguien, que a pesar de realizar todo cuanto es necesario para su obtención, no lo conseguimos, lo que nos crea un sentimiento de frustración y de infelicidad, de estar maldito o de que una fuerza externa intangible nos obstaculiza la materialización del objetivo luchado. Este tema es tratado en el Capítulo 6, en los Ruidos de la memoria de muertos de familia.

CAPÍTULO 3

LOS RUIDOS DE LA PERSONALIDAD

Perspectiva histórica de la personalidad

Teoría psicodinámica. Sigmund Freud, pensaba que, la conducta de una persona es el resultado de fuerzas psicológicas que operan dentro del individuo y que por lo general se dan fuera de la conciencia.

Teoría fenomenológica. Carl Rogers consideró que los seres humanos construyen su personalidad cuando se ponen al servicio de metas positivas, cuando sus acciones están dirigidas a alcanzar logros que tengan un componente benéfico. Este teórico afirma que, la persona desde que nace viene con una serie de capacidades y potenciales los cuales tiene que seguir cultivando mediante la adquisición de nuevas destrezas y que, cuando el individuo descuida el potencial innato hay una tendencia a que se vuelva un ser rígido, defensivo, coartado y a menudo se siente amenazado y ansioso. Esta escuela considera que el ser humano no debe ser comprendido como resultado de conflictos ocultos e inconscientes, sino que tiene una motivación positiva, en la que va logrando obtener niveles superiores de funcionamiento.

Teoría de los rasgos. Raymond Cattel, agrupó los rasgos de la personalidad en cuatro (4) formas: *Comunes*, propios de todas las personas. *Superficiales*, fáciles de observar. *Constitucionales*, que dependen de la herencia y del entorno. *Dinámicos*, que motivan a la persona hacia su meta.

Teoría conductual. Watson, manifestó su acuerdo con la teoría de Jhon Locke en el siglo XVII sobre la Tabula Rasa, teoría de la personalidad según la cual un recién nacido viene en blanco y es el ambiente el que determinará la personalidad debido a la moldeabilidad de este, no solo en la infancia sino también en la etapa adulta.

Teoría cognitiva. Plantea que la conducta la guía la manera de pensar y de actuar frente a una situación, sin dejar a un lado la injerencia del medio ambiente en la modificación de las expectativas del individuo. Según Bandura, la personalidad es la interacción entre cognición, aprendizaje y ambiente.

Teoría integradora. Plantea un modelo plural que integra las principales teorías, tomando en cuenta la investigación empírica, incorporando los paradigmas actualmente activos.

Conceptos de personalidad

En sentido general podría afirmarse que la personalidad es el constructo psicológico dinámico de las características psíquicas de una persona. En sentido específico, podría decirse que, la personalidad es el patrón de pensamientos, sentimientos y repertorio de conducta que expresa una persona a lo largo de toda su vida, a través de diferentes situaciones o circunstancias, de modo que las manifestaciones de ese patrón son de algún modo predecibles.

Por comparación, la personalidad es la huella dactilar del ser, lo que distingue conductualmente a un individuo de cualquier otro. En la dactiloscopia son los pulpejos dactilares su patrón de identidad los que distinguen los dedos de las manos y las plantas de los pies de una persona con otra. En la queiloscopia son los pulpejos labiales su patrón distintivo de unos labios con otros. En los vehículos automotores es la impronta el código diferencial de un vehículo con otro. En la computación es el IP o código de protocolo de internet el patrón diferencial entre una computadora con otra, en cualquier parte del planeta. En la telefonía móvil es el código IMEI o identidad internacional de equipo móvil, la individualización de un teléfono celular que le diferencia con otro que se encuentra a millas de distancia. Finalmente, en la psicología es la personalidad el patrón de identidad que distingue un ser humano de otro, es por ello que, a diferencia de los patrones identificatorios señalados, la personalidad no nace con el individuo, sino con cierta dotación que acondicionará el sujeto en el curso de su desarrollo.

Elementos de la personalidad

La personalidad requiere para su conformación y estructura la fusión de varios elementos que hacen del individuo único en la universalidad psíquica de la sociedad y es por ello que, se le asocia la *constitución, el temperamento, el carácter, y las ac(p)titudes emocionales y físicas.*

Constitución; es el esqueje o pilar hereditario, biológico, básico y permanente con que actúa una persona, donde además inciden factores ambientales. Tiene que ver con su fortaleza o debilidad interna ante los acontecimientos de la vida, por lo que, resulta difícil determinar cuál es la proporción entre la fuerza interna adquirida por la genética y la fuerza interna adquirida por los avatares del medio ambiente.

Temperamento; Del griego que significa *medida,* es aquella parte de la personalidad que se asienta en la herencia genética, con la influencia endocrina y del sistema nervioso, que se manifiesta en determinados rasgos físicos y psicológicos y donde muy poco influyen los factores externos, salvo aquellos estímulos demasiado fuertes y constantes; que nos distingue de los demás como únicos e irreemplazables. El temperamento es la peculiaridad e intensidad individual de los afectos psíquicos y de la estructura dominante de humor y motivación, es decir, es la manera natural con que un ser humano interactúa con el entorno, por consiguiente, es la capa instintivo afectiva de la personalidad, sobre la cual la inteligencia y la voluntad moldearán el carácter, en el cual sí influye el ambiente. El temperamento interviene en la adaptación, en el estado de ánimo, en la intensidad del nivel de actividad en cuanto a su accesibilidad y regularidad. Nacemos con un temperamento dado, con una predisposición a ciertos rasgos de personalidad, que la armonizamos con el carácter mediante el uso de las habilidades sociales.

Carácter; Del griego que significa *"el que graba".* El carácter es la porción de la personalidad que se desarrolla durante la vida de la persona con su experiencia y la cultura, acondicionado por el aprendizaje social y las expectativas culturales sobre el rol social en relación con la edad, la ocupación y otras circunstancias sociales.

Ac(p)titudes; son los estados de ánimos que proyectamos ante los demás, mediante reacciones frente a determinadas objetos o personas, es decir, es la proyección del elemento cognitivo de lo que pensamos o creemos de nosotros mismos, así como del mundo que nos rodea y la forma en que procesamos la información. Si en esa respuesta está presente el elemento afectivo, donde reflejamos nuestros sentimientos de placer o displacer, entonces le denominamos *"actitud"* con la letra "ce", pero, si en esa respuesta está presente el elemento talento, destreza o la habilidad con la que ejecutamos ciertas actividades, entonces le denominamos *"aptitud"* con la letra "pe", porque depende más de nuestro virtuosismo genético que de nuestras habilidades emocionales aprendidas. Este compendio actitudinal es influenciado por el temperamento y el carácter.

Estado de ánimo

El estado de ánimo es una disposición emocional, es una forma de permanecer, de estar, cuya duración es prolongada y se diferencia de las emociones básicas y secundarias, en que es más duradero, puede durar horas o días y menos influenciado a ser activado por un estímulo o evento, como sí ocurre con las emociones. Existen tres (3) tipos de estados de ánimo: *La eutimia, la depresión y la hipomanía o manía.*

La eutimia; Del griego *"eu"* que significa "normal" y *"timia"* que significa *"estado"*. Es la emoción neutral, sin extremos, que no afecta al individuo. Situado entre la hipertimia y la distimia, es decir, entre la manía-hipomanía o alegría extrema y la distimia o depresión.

La *distimia* o *depresión*; Es el estado de ánimo displacentero anormalmente bajo.

La *hipomanía* o *manía*; Es el estado de ánimo placentero anormalmente alto, eufóricamente alegre, que facilita la distorsión de la realidad.

La alternancia de fases de depresión con fases de manía se llama trastorno afectivo bipolar. Ciertas alteraciones del estado de ánimo, como la depresión o el trastorno bipolar, forman una clase de patología conocida como *trastorno del estado de ánimo.*

Clasificación del temperamento por Hipócrates y Galeno

El filósofo y médico griego Hipócrates de Cos, aproximadamente entre los años 460 a 370 a.C. de la edad antigua, adoptó un modelo basado en que el cuerpo humano estaba formado por cuatro sustancias básicas que era la *Sangre* que asoció al aire, la *Flema* que asoció al agua, la *Bilis amarilla* que asoció al fuego y la *Bilis negra* que asoció a la tierra. 200 años más tarde, basándose en los anteriores antecedentes, el filósofo, médico y cirujano griego Claudio Galeno de Pérgamo, para los años 129 a 201 d.C. de la edad antigua, elaboró su teoría de la personalidad basado en los niveles de humores corporales y las inclinaciones emocionales de la persona que llamó temperamento, indicando que se encontraban íntimamente relacionados, reestructurando y desarrollando la Teoría de los Cuatro Temperamentos, definiéndolos como temperamentos melancólico, flemático, colérico y sanguíneo, indicando que, si uno de los humores abunda en el cuerpo predomina algún tipo de personalidad. Conforme a Galeno dichas relaciones se darían de la siguiente forma: Una persona *sanguínea;* Tendría demasiada sangre, que la haría alegre, optimista, segura de sí misma y cordial, así como algo egoísta. Una persona *flemática;* Tendría demasiada flema, que la haría amable, fría, apacible, racional y constante, así como algo lento y tímido. Una persona *colérica;* Tendría un exceso de *bilis amarilla*, que la haría fogosa, energética y apasionada. Una persona *melancólica;* Tendría un exceso de *bilis negra,* que la haría inclinada a las letras y las artes, algo triste, temerosa y deprimida. Galeno recomendaba que, para curar los desequilibrios humorales o temperamentales, había que adecuarse a una dieta y al ejercicio.

La teoría del temperamento formulada por los médicos Hipócrates y Galeno, es un marco histórico que ha servicio de base para la creación de numerosas teorías, como, por ejemplo la realizada por el fisiólogo y psicólogo ruso Iván Pávlov en 1935, quien enunciara que las características del temperamento están dadas por el sistema nervioso mediante tres características como la fuerza, el equilibrio y la velocidad de correlación; Afirmando que, la combinación de estas características daban origen a los tipos de sistema nervioso de cada temperamento, que señaló como: 1) El sistema nervioso **rápido** y **equilibrado** o *sanguíneo.* 2) El sistema nervioso **lento y equilibrado** o *flemático.* 3) El sistema nervioso **débil** o *melancólico.* 4) El sistema nervioso **fuerte, rápido y desequilibrado** o *colérico.* Postura con la que simpatiza la Organización Mundial de la Salud (OMS).

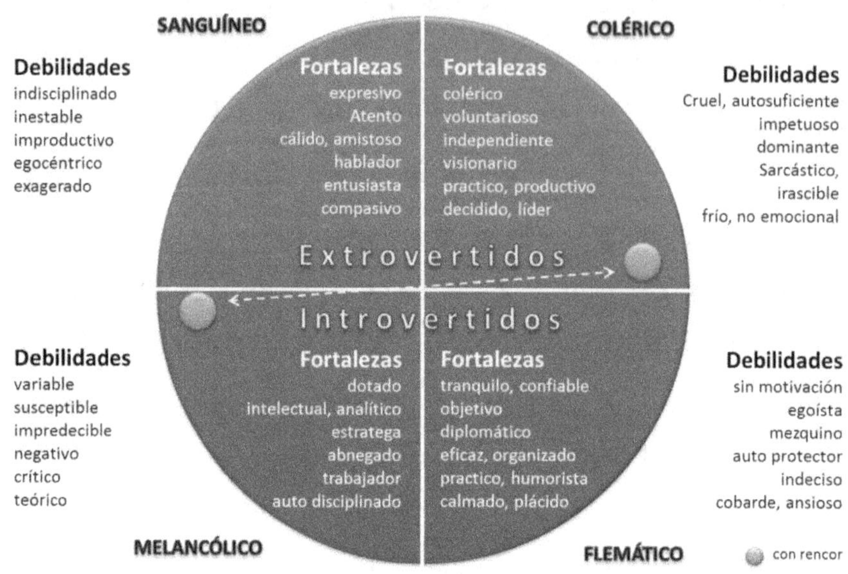

Teoría de los cinco grandes por Lewis Goldberg

En 1940 el psicólogo ingles Raymond Bernard Cattell estableciera una medida de rasgos de la personalidad. En 1961 los investigadores Ernest Tupes y Raymond Christal del laboratorio de personal de las Fuerzas Aéreas de los Estados Unidos de Norteamérica, sobre las mediciones de Cattell, hicieron el modelo inicial de los factores de la personalidad, para que Digman en 1990 propusiera su modelo de los Cinco

Factores de Personalidad y Lewis Goldberg en 1993 lo llevara a los niveles más altos.

Los expertos coinciden en afirmar que la personalidad puede categorizarse en estos cinco grandes rasgos, descritos en la teoría del *"Big Five personality traits"*. Este modelo no es más que un test que examina cinco factores o rasgos principales de la personalidad, que apunta hacia la apertura a las nuevas experiencias distinguida con el factor "O", la responsabilidad distinguida con el factor "C", la extroversión distinguida con el factor "E", la amabilidad distinguida con el factor "A" y el neuroticismo o inestabilidad emocional distinguida con el factor "N"; todo lo cual forma el acrónimo "OCEAN" por sus iniciales en inglés.

Apertura a la Experiencia o factor O. Muestra en qué grado un sujeto tiende a buscar nuevas experiencias personales y concibe de una manera creativa su futuro. La persona abierta a la experiencia tiene una relación fluida con su imaginación, aprecia el arte y la estética, y es consecuente con sus emociones y la de los que le rodean. Prefieren romper con la rutina y suelen poseer conocimientos sobre amplios temas debido a su curiosidad intelectual. Su opuesto es la cerrazón a la experiencia o al cambio. Los individuos que puntúan bajo, tienen intereses más convencionales, disfrutan de lo sencillo más que de lo complejo, ambivalente y sutil, suelen observar las ciencias o el arte como disciplinas poco prácticas, prefieren la familiaridad a lo novedoso, son moderados y apegados a la tradición.

Responsabilidad o factor C. Refiere a cuán centrado está el sujeto en sus objetivos, además de cuán disciplinado se muestra para la consecución de dichos fines. Podríamos decir que la persona con alta puntuación en el factor C, es un individuo organizado, con capacidad de concentración, que termina sus tareas y que piensa antes de tomar una decisión.

Extraversión o factor E. Define el grado en que el sujeto se muestra abierto con los demás y canaliza su energía en contextos sociales, dicho de otro modo, el factor E examina cuánto le agrada a un sujeto estar rodeado de otras personas, cuánto le gusta expresarse ante los demás. Su opuesto es la introversión, que se caracteriza en personas reservadas, a menudos tachados de antipáticos, independientes, prefieren la rutina, estar solos, no les agrada formar parte de bullicios de gente, pero sí del ambiente familiar, se muestran animado en círculos estrechos de amistad, son más reflexivos que los extrovertidos y tienden menos a la acción.

Amabilidad o factor A. Es el grado en que la persona se muestra respetuosa, tolerante y tranquila. La persona amable es aquella que confía en la honestidad de los otros individuos, tiene vocación para ayudar y asistir a quien lo necesite, se muestra humilde y sencillo, y es empático hacia las emociones y sentimientos ajenos.

Estabilidad emocional o factor N. Define en qué grado una persona afronta sin problema las situaciones complicadas de la vida, son sujetos tranquilos, no muy proclives a sentir rabia o a enfadarse, suelen permanecer animados, gestionan muy bien sus crisis personales y con alta puntuación se encuentran las personas moderadas y sosegadas.

El consciente

Inicialmente el consciente es un término utilizado por Sigmund Freud, como adjetivo para calificar un estado psíquico, para indicar la localización de ciertos procesos constitutivos del funcionamiento del aparato psíquico. En la psicología, lo consciente designa al conjunto de vivencias de las que el sujeto puede dar cuenta mediante un acto de percepción interna. Para el psicoanálisis lo consciente designa la capa más superficial de la mente poniendo el acento en el valor que tiene el inconsciente en la vida del sujeto, en particular en todo lo relativo a la esfera del sentimiento y la motivación.

La consciencia es el constructo donde desarrollamos directamente la inteligencia y el pensamiento lógica racional, mediante la cual adquirimos los conocimientos, que nos permite tomar decisiones acertadas en determinados instantes, la que usamos para llevar a cabo nuestras acciones y la que presta atención a los detalles y hace uso de los recuerdos y las memorias almacenadas. Lo curioso es que, mientras más se desarrolla una habilidad conscientemente, más se vuelve esta inconsciente, porque graban los patrones de conductas más recurridos y utilizados para optimizar así con mayor celeridad las respuestas fisiológicas del cerebro. La consciencia cuando graba lo aprendido, hace automática su actividad, también condicionada por el tráfico de los programas de información almacenados en la memoria psicológica de nuestros antepasados a través de la genética en nuestro ADN, así como por lo percibido a través de nuestro aprendizaje. La mente consciente es la más activa en todo momento por ser la inmediata entre uno y la realidad del mundo que nos rodea.

Autoestima o autoconcepto

La autoestima está relacionada con la percepción que una persona tiene con respecto a sí misma y a su vida, por lo que, su visión de verse así mismo dentro de su entorno, determinará su manera de relacionarse con el mundo exterior, con las demás personas, dentro de ese activo comunicacional que son los afectos. Una persona con baja autoestima difícilmente se sentirá satisfecha y capaz de conseguir aquellos objetivos que la llevarían a sentirse a gusto con ella misma. La baja autoestima suele manifestarse en una autocrítica constante de la persona, autoevaluándose negativamente, asumiendo sentimientos de culpa o de inferioridad, prediciendo su fracaso anticipadamente, arrastrando alta frustración ante los errores, asumiendo inseguridad ante situaciones cotidianas y en las relaciones interpersonales, con poca o ninguna autoafirmación ante los demás, es decir, una baja autoestima plantea problemas de asertividad emocional.

Nuestra autoestima o nuestro autoconcepto es un producto de la experiencia y la adquirimos a medida que crecemos, por lo que, la hace variable y puede venir acompañada de trastornos, en cuyo caso deberá evaluarse para su tratamiento y sanidad.

Tipos de autoestima

En el complejo universo de las doctrinas y escuelas psicológicas, podemos encontrar variada tipología, pero es la que sigue, la que identifica ampliamente la mixtura conductual de la autoestima. Así podemos mencionar cuatro tipos de autoconcepto como sigue:

1. *Autoestima alta y estable.* Esa donde las circunstancias externas y los acontecimientos de vida tienen poca influencia sobre la autoestima, aquí las personas se desenvuelven de manera abierta, no necesitando defender su imagen y además cuando es necesario, se defiende el punto de vista sin desestabilizarse. Su agregado psicológico es *alto, asertivo y equilibrio emocional.*

2. *Autoestima alta e inestable.* Presenta un concepto elevado de sí mismo, pero es incapaz de mantenerlo constante en el tiempo, responde con actitud crítica ante el fracaso, ya que estos son percibidos como amenazas, donde el individuo mostrará convicción al defender su punto de vista, pero no aceptará otros puntos de vista y tenderá a monopolizar la palabra en una discusión, es decir, se aleja de la asertividad emocional. La inestabilidad de la autoestima alta, conduce a situar la autoestima como preocupación

central y exige preservarla a cualquier precio y apelar a una actitud agresiva para promoverla o bien pasiva para protegerla. Su agregado psicológico es *alto, no asertivo y en desequilibrio emocional.*

3. *Autoestima baja y estable.* Donde la valoración del sujeto de sí mismo es siempre negativa, con la creencia que no está a la altura, siendo indeciso, con un gran temor a equivocarse, no se esfuerza por promover su imagen personal, no es influenciable por eventos externos y no defiende su punto de vista. Este tipo de autoestima es muy frecuente en personas con tendencias depresivas, que a causa de su mentalidad pesimista no suelen percibir sus logros personales como tal, asumiendo que son fruto de la suerte o la casualidad. Su agregado psicológico es *bajo, no asertivo y en desequilibrio emocional.*

4. *Autoestima baja e inestable.* El sujeto es muy dependiente de la opinión de los demás, por lo que, suele ser influenciable por eventos externos por irrelevantes que puedan parecer y cuanto se enfrenta a un evento exitoso, su autoestima sube, pero en cuanto termina la euforia del momento, su nivel de autoestima vuelve a bajar. Ciertas clases de personas narcisistas, por ejemplo, se caracterizan entre otras cosas por tener una autoestima baja. Su agregado psicológico es *bajo, no asertivo y en desequilibrio emocional.*

Es conveniente distinguir la autoestima inflada, que hace que la persona sea incapaz de escuchar a los demás, mucho menos de aceptar o reconocer un error, porque se percibe a sí mismo como el mejor que el resto, pero cuando las cosas se complican, no reconoce los errores y enseguida culpa a los demás, lo que pudiera adecuarse en una *alta e inestable autoestima*. La inflada autoestima genera conductas negativas ya que no es capaz de hacer autocrítica y corregir los errores, adoptando un comportamiento hostil hacia los demás.

Trastorno de la autoestima

Esa apreciación de valoración de sí mismo puede ser afectada y trastornar la asertividad y por consiguiente la apreciación psicológica del *"yo"* como la identidad psíquica, mediante cuatro factores como son: 1) La desproporcionalidad en la historia de triunfos y fracasos a través del reconocimiento o negación que éstos brindan, 2) el respeto, aceptación e interés que el individuo recibe de las personas que considera importantes en su vida, y 3) el control y la defensa ante consecuencias e implicaciones negativas, es decir, la atribulación interna que hace la persona de los eventos negativos. Por todo ello, es aconsejable que la persona mantenga una imagen corpórea aseada y estética, un cuido del cuerpo con una rutina de ejercicios que mejore y mantenga el equilibrio hormonal y de salud, la capacitación o fomento de la lectura que estimule los valores del conocimiento, la práctica de algún método terapéutico auto endógeno como el yoga, la meditación, la religión, esforzarse es mantener comunicación abierta con familiares, amigos cercanos, que permitan superar los escollos de las dificultades y alejarse de la depresión.

Origen histórico del inconsciente

Término admitido por el diccionario de la academia francesa en 1878. Los primeros en usar este término fueron los neurólogos Jean Martin Charcot e Hippolyte Bernheim, pero fue Sigmund Freud quien hizo de este concepto el eje vertebral de sus teorías, dotándolo de nuevas significaciones; Fue al combinar la psiquiatría dinámica y la filosofía alemana, que Sigmund Freud elaboró una concepción inédita del inconsciente para explicar su teoría del psicoanálisis a partir de la interpretación de los sueños.

La psicología y la neurociencia (biología, química molecular y física cuántica) dan un gran valor al inconsciente, permitiéndonos entender muchas de nuestras conductas, elecciones cotidianas, preferencias, es un tejido psíquico que conforma gran parte de lo que somos, que nos permite manejar miles de procesos que por simple economía mental, actúan automáticamente en la toma de decisiones rápidas, tal como lo afirma el neuropsicólogo Mark Solms, que la mente consciente es capaz de atender 6 o 7 cosas a la vez, mientras que el inconsciente se ocupa de centenares de procesos, desde los orgánicos regidos por el sistema nervioso hasta las decisiones que tomamos a diario, pero cuyo descubrimiento y formulación se la debemos a la figura de Sigmund Freud.

El inconsciente

El inconsciente es un conjunto de información vital almacenada en la física cuántica de nuestro ADN que permite el desenvolvimiento fisiológico del organismo y de nuestras tendencias de identidad y supervivencia del clan, que nos son cedidos en la gestación por nuestros padres y en el curso de vida mediante episodios o hechos de suma importancia para nuestra psiquis, que se irán revelando de manera intuitiva o mediante el entrenamiento y conocimiento de nuestra red de procesos mentales, incluidos los oníricos, pudiendo expresarse en gustos, rechazos y trastornos de personalidad. La ciencia reconoce su impacto en el proceso de percepción mediante el mecanismo de aprendizaje y su misticismo viene dado por la ignorancia y el desconocimiento de este elemento sustancial de la mente. Siendo así, comparto la idea de que el inconsciente es un sistema de impulsos activos y reprimidos.

El caso clínico pionero del inconsciente

En 1880 el psicólogo y fisiólogo austriaco Josef Breuer atiende a la paciente Bertha Pappenheim diagnosticándola con histeria y cuyo cuadro clínico fue llamado "Anna O", donde a solicitud de Breuer participó su colega y amigo Sigmund Freud. La joven Bertha tenía 21 años y desde el momento en que tuvo que responsabilizarse de su padre enfermo, empezando a sufrir alteraciones graves de su comportamiento que llevaron a muchos, pensar que estaba endemoniada. La joven sufría episodios de ceguera, sordera, parálisis parcial, estrabismo ocular y lo más llamativo, había instantes en que perdía la capacidad del habla o incluso se comunicaba con idiomas que no dominaba, como el inglés o el francés.

Leyes del inconsciente

El inconsciente es una unidad informativa cuya naturaleza biológica y neurológica es economizar y ahorrar energía, es por ello que, los códigos fisiológicos del cuerpo humano están contenidos en el genoma de la ADN, de manera que, el funcionamiento orgánico se lleve a cabo de manera automática incluyendo las emociones básicas asociadas al instinto de conservación de los que se explicó en capítulo precedente. Así mismo, funciona la información psicológica recogida en vida por la experiencia de nuestros ancestros, permitiéndonos disfrutar de tendencias e inclinaciones hacia determinadas actividades, gustos, vicios y placeres, que nos permitan hacer uso de ellas para el mismo interés de supervivencia de la especie y muy puntualmente del clan genético del que procedemos. En este sentido, cuando nacemos traemos con nosotros no solo una vasta red de informaciones biológicas motrices sino psicológicas, que aseguraran el mejor desenvolvimiento fisiológico del acto de vivir. El inconsciente por tratarse de informaciones o códigos instalados en las estructura nucleico y citoplasmático de la ADN, posee características muy singulares que las diferencia de la consciencia que cognitivamente emerge de la sinapsis neuronal. Así podríamos decir que el inconsciente es atemporal, inocente y simbólico. ***La Atemporalidad*** radica en que no se rige por las leyes del espacio tiempo tal y como las conocemos, puesto que para el inconsciente el pasado y el futuro no existe sino el presente en el que se mueve continuamente, porque en él, todo está sucediendo aquí y ahora, en este sentido, cuando rememoramos un acontecimiento traumático o doloroso del pasado podemos experimentar las mismas emociones y sensaciones que cuando vivimos dicho evento, sometido siempre a procesos cuánticos fisicoquímico. *La Inocencia* del inconsciente está en no distinguir entre lo real, lo imaginario o virtual, él es amoral, en él no existe el concepto separatista de bueno, malo, y no tiene juicio, ni discernimiento, grabando las informaciones relevantes para nuestra supervivencia sin establecer un análisis lógico y racional sobre la misma, cosa que sí hace la conciencia cognitiva. Finalmente, su *Simbología* la determina almacenando la información en imágenes, en figuras asociadas al contenido que le da la conciencia, que es la que aprende a leer y a escribir, para luego darle un contenido simbólico mediante una forma o figura de esa realidad, siendo así el inconsciente funciona a la perfección con el consciente y nos permite comunicamos bajo el mismo lenguaje de señas o figuras mentales que procesa el cerebro. Esta función es parte del proceso cognitivo del pensamiento, que se independiza del proceso sináptico una vez que se crean las imágenes de ese lenguaje. Esta es la dinámica en la que trabaja la *"Programación Neurolingüística (PNL)"*.

Mecanismos de defensa inconscientes

El inconsciente desde la psicología es el constructo freudiano, que constituye la información abstracta, confusa e incoherente a los sentidos de la razón, necesaria para la actividad motora de nuestro cuerpo y de los procesos del sueño y los recuerdos, que reside en un espacio intangible e invisible, que cobra valor cuando es interpretado por el consciente. Ese mismo no es un constructo ideario o fantasmal, sino una información que reside en el ADN celular, esa área que se ubica en el núcleo celular del citoplasma; es justo allí, donde reside la información del ADN que heredamos de nuestros padres, clan o familia, que comprende la memoria motora y genotípica para los procesos fisiológicos del cuerpo, la morfología familiar y la memoria psicológica, que representa las tendencias de nuestro colectivo para la supervivencia del clan. Presentándose de esta manera el inconsciente como el ápice central de la esencia humana, es claro que, este inconsciente viene a nutrir el pensamiento racional, es decir, la conciencia, que es nuestro *"yo"* nuestro *"ego"*, ese intermediario entre nuestro ser y el medio ambiente que nos rodea, quien nos permite asociar con lógica, aprender, utilizar el poder cognitivo y demás elementos del constructo de la mente. Luego, es la psiquis, la mente quien al percibir la realidad de la conciencia pudiera enfrentarse ante una realidad que le hiere, que le afecta y le hace daño, creando una conducta defensiva ante esa percepción agobiante y frustrante, y esa conducta de defensa es lo que llamamos trastorno, que por ser repetitivo en el tiempo se aloja en el inconsciente para funcionar de manera automática, sin razonar, sin meditar y contribuir no solo a la defensa de la psiquis del ser afectado, sino a la economía energética para la neoplastia cerebral.

Ahora estamos en capacidad de entender que esos mecanismos de defensa del inconsciente, nos sobreviven a situaciones dolorosas de la vida y hace que no implosione nuestra psiquis, permitiendo sortear o superar en alguna medida la carga del estrés mediante los denominados *"Mecanismos de Defensa Principalmente Inconscientes"*. Entonces, podríamos definirlo como aquellos mecanismos, principalmente inconscientes, que los individuos emplean para defenderse de emociones o pensamientos que producirían ansiedad, sentimientos depresivos o una herida en el auto estima si llegasen a la consciencia.

Los mecanismos de defensa son una parte del funcionamiento psíquico de todo individuo y sólo se les considera patológicos cuando se abusa de ellos o cuando son demasiado rígidos. La psicoanalítica estadounidense Nancy McWilliams, los divide en mecanismos de defensa primarios y mecanismos de defensa secundarios.

Dentro de los mecanismos de defensa Primarios, se distinguen siete conductas a saber; El retraimiento, la negación, el control omnipotente, la idealización y desvalorización, la proyección, introyección e identificación proyectiva, la escisión y la disociación. En tanto que, los mecanismos secundarios enumeran quince patrones conductuales, como; La represión, la regresión, el aislamiento, la intelectualización, la racionalización, la compartimentalización, la anulación, el volver contra sí mismo, el desplazamiento, la formación reactiva, la inversión, la actuación, la sexualización, la sublimación, y la condensación.

Mecanismos inconscientes de defensa primarios

Son primarios por *aparecer en las primeras épocas de la vida*, lo que permite que haya una tendencia mayor a negar la realidad, y se ubican en un catálogo de siete (7) patrones de conducta:

Retraimiento, negación, control omnipotente, idealización y desvalorización, proyección, introyección e identificación proyectiva, escisión y disociación.

1. **Retraimiento**. Replegamiento sobre uno mismo y alejamiento de la realidad para refugiarse dentro del mundo de las fantasías o del sueño. Ejemplo, un bebé angustiado se protege durmiéndose. Le permite al individuo escaparse de la realidad dolorosa sin distorsionarla, pero su uso excesivo limita la posibilidad de hacerse cargo de la realidad.

2. **Negación**. El sujeto bloquea eventos externos por lo que ignora, desconoce o rechaza aceptar una situación demasiado intensa, para hacerlo menos doloroso o angustioso y protegerse de una emoción desagradable, basándose en la premisa *"Si yo no lo reconozco, no sucede"*. Ejemplo, un fumador que niega que el tabaco pueda provocar problemas para su salud, negando sus efectos nocivos puede tolerar mejor su hábito, naturalizándolo.

3. **Control Omnipotente**. Se expresa mediante la convicción de que si uno quiere lo que sea, lo puede conseguir con tal de trabajar para ello, cosa evidentemente irreal, pero motivadora. Su excesivo uso impedirá que el individuo pueda establecer relaciones realistas que mermaría su autoestima.

4. **Idealización y Desvalorización**. *La idealización* hace que el sujeto otorgue un valor o poder especial a una persona de la que depende emocionalmente y así poder asociarse con alguien omnisciente, omnipotente o superior que resolverá sus dificultades de manera definitiva. *La desvalorización* expresa la frustración sentida cuando la realidad desmiente la idealización. Todo amor tiene una semilla de idealización.

5. **Proyección, Introyección e Identificación Proyectiva**. *La proyección*, significa que lo *que está dentro* se malinterpreta como procedente de fuera y hace que el individuo tenga una percepción distorsionada de los demás; Ejemplo, una chica odia a su compañera y puede resolver el problema pensando que es la otra persona la que le odia a ella, o cuando una persona que tiene baja autoestima se ríe de todas las personas que muestran síntomas de baja autoestima, o también cuando una persona con problemas de sobrepeso se ríe de personas que también tienen problemas físicos o de salud. *La introyección*, hace que *lo que está fuera* se malinterpreta como procedente de dentro; Ejemplo, el individuo que intenta sobreponerse a su dolor siendo como su propio agresor para no victimizarse o se identifica con figuras importantes en su vida. *La identificación proyectiva*, es la proyección de aspectos negativos de uno mismo, así como la presión

que ejercemos en el otro para que se comporte de manera congruente a aquello que proyectamos; Ejemplo, cuando proyectamos un aspecto crítico de nosotros que lo vemos en otro, para que luego la crítica recaiga en él y no en nosotros.

6. **Escisión**. El individuo separa el mundo y las personas en buenos y malos y así resuelve la complejidad de situaciones confusas y amenazantes, pero con una distorsión de la realidad; Ejemplo, el sujeto que considera malísimo la persona que consideraba buenísimo la semana pasada, teniendo sentimientos ambivalentes hacia la misma persona.

7. **Disociación**. Hace que el individuo se desconecte de la experiencia actual, creando otra representación de uno mismo, para poder continuar existiendo en un momento excesivamente doloroso o estimulante. Hay cinco maneras principales mediante las cuales la disociación de procesos psicológicos cambia la manera en que una persona experimenta la vida: La despersonalización, la desrealización, la amnesia, la confusión de la identidad y alteración de la identidad. Ejemplo; Una persona puede encontrarse a sí misma haciendo algo que no haría normalmente pero incapaz de detenerse, como si alguien le estuviera obligando a hacerlo, lo que se describe como la experiencia de ser un pasajero del cuerpo más que el conductor.

Mecanismos inconscientes de defensa secundarios

Son secundarios porque *aparecen en épocas tardías del desarrollo*, lo que permite que haya una tendencia a preservar el criterio de realidad, dado su menor desarrollo de exposición en el tiempo, a diferencia de los mecanismos de defensa primarios, y lo configura un catálogo de quince (15) patrones de conducta: Represión, regresión, aislamiento, intelectualización, racionalización, compartimentalización, anulación, volverse contra sí mismo, formación reactiva, inversión, actuación, sexualización, sublimación y condensación.

1. **Represión**. El sujeto olvida o más bien, desconoce el recuerdo o conocimiento que le causa dolor y actúa como si nunca hubiera ocurrido dicho acontecimiento y la mantiene olvidada.

2. **Regresión**. El individuo vuelve a formas de funcionamiento más antiguas, más infantiles, para evitar el conflicto o el esfuerzo creado por el crecimiento y el cambio; Ejemplo, un adolescente al que no se le permite irse un fin de semana a casa de un amigo y reacciona con un berrinche y grita delante de sus padres, como si fuera un niño de menor edad, o ante la llegada de un

hermanito, el primogénito vuelve a mojar la cama o a chuparse el dedo.

3. **Aislamiento**. Se separa los afectos de los pensamientos, se piensa y se toma conciencia de un hecho, pero su significado emocional está aislado y no perturba al individuo, se divorcian los recuerdos de los sentimientos, como una forma de soportar y tolerar mejor los hechos y la realidad como una anestesia psíquica, utilizada en trabajos como policías, fiscales del ministerio público, jueces penales y médicos de emergencias, donde es necesario mantener la cabeza fría; Ejemplo, relatar un episodio traumático con total normalidad, igual que si se hablara de cualquier otro asunto trivial. Esta defensa inconsciente en exceso conlleva a la sobrevaloración del pensamiento y a la infravaloración del sentimiento.

4. **Intelectualización**. Es el aislamiento que reconoce la existencia del afecto desde su marco teórico o intelectual, pero no lo siente. Su uso excesivo truncará las dimensiones de experiencia que tienen que ver con el juego, el sexo y el humor; Ejemplo, cuando una persona es diagnosticada con una grave enfermedad, puede buscar todo lo relacionado con la misma, permitiendo soportar esta situación; es muy común en neurocientíficos, académicos o investigadores, psiquiatras.

5. **Racionalización**. Sustituye una razón que no es aceptable, por otra que resulte aceptable, para evitar tener que enfrentarnos con nuestro interior y sentir culpas, es decir, el sujeto cambia la perspectiva de la realidad a través de ofrecer una explicación diferente que le permita aceptar las cosas con un mínimo de resentimiento o culpa; Ejemplo, la mujer que abandona su relación amorosa, porque considera que su novio con muy baja autoestima no le deja respirar, a lo que el hombre, con fracasos por el mismo motivo, concluye afirmando que *"desde el primer momento supe que esta mujer no me convenía"*, o la persona con un deseo inconsciente de suicidarse podría cometer acciones peligrosas y justificarlas para no reconocer el deseo de lastimarse, como cruzar la calle cuando el semáforo se encuentra en verde y racionalizarlo diciendo que está apurado o demorado.

6. **Compartimentalización**. Hace que un individuo sostenga dos o más ideas, actitudes o comportamientos que están en conflicto sin que él reconozca la contradicción, lo que permite que existan sin culpa, vergüenza o ansiedad; Ejemplo, aquellas personas que dedican su vida al altruismo, pero ejercen un maltrato muy fuerte dentro de la privacía del seno familiar o el predicador que invita a sus seguidores evitar el pecado, pero comete más pecados de los que le corresponde.

Este mecanismo de incongruencia del pensamiento y de la conducta, es interpretado comúnmente como una doble moral.

7. **Anulación**. Es el esfuerzo inconsciente de compensar alguna emoción dolorosa con un comportamiento que lo borrará mágicamente, como la culpa o la vergüenza; Ejemplo, el individuo que siente que está haciendo daño a otra persona, pero intenta compensarlo tratándole excesivamente bien. Este mecanismo hace que el psicópata pueda matar a un niño sin pestañar mientras le ofrece caramelos, que un médico de emergencia omita el dolor de su paciente para salvar su vida al borde de la muerte, que un político corrupto desvíe los fondos públicos a su cuenta corriente mientras sonríe al electorado o un policía de operaciones especiales actúe con firmeza en medio de un tiroteo en el que está en peligro su vida.

8. **Volverse contra sí mismo**. Restringe emociones que están dirigidas hacia otra persona; Ejemplo, si una persona depende de alguien poco fiable o inestable, éste puede volver la crítica contra sí mismo por la rabia e impotencia que produce recurrir a una persona poco confiable, en vez de utilizar la crítica directamente contra la persona bajo desconfianza.

9. **Desplazamiento**. Es la redirección de una emoción, desde una persona u objeto que la genera, hacia otra persona u objeto distinto, generalmente una agresión, porque expresarla a la persona u objeto que la origina causaría una angustia o estrés mayor, lo que hace que se descargue cantidades de emociones en una dirección menos peligrosa o socialmente permitida; Ejemplo, alguien que se siente frustrado con su jefe y le suelta una patada a su perro, o a un mueble, ya que, como no es conveniente golpear al jefe porque nos despediría del trabajo, desplazamos nuestra ira hacia cualquier otro ser u objeto, distinto a quien lo causa, para drenar la emoción.

10. **Formación reactiva**. Transforma o reprime una emoción por temor a perder el control, por otra emoción menos traumática en sus consecuencias. Detiene la aparición de un pensamiento doloroso sustituyéndolo por otro más agradable, exagerando el comportamiento opuesto; Ejemplo, una persona que está muy enfadada con un amigo, pero le dice que está todo correcto para evitar la discusión, o la suegra que sintiendo emociones muy crueles contra la novia de su hijo (nuera), se muestra excesivamente generosa frente a su presencia, para evitar enfrentamiento con su hijo. Así el odio se oculta en amor, la envidia en gratitud, etc.

11. **Inversión**. Transforma una emoción pasiva por otra activa. Consiste en abandonar la pasividad ante una situación dolorosa e invertirla activamente para que cause menos dolor; Ejemplo, la necesidad de asumir la responsabilidad antes que depender de otro.

12. **Actuación**. Se relaciona íntimamente con *inversión* ya que se basa es en actuar, realizar un papel a nivel emocional que causa tensión emocional, para drenar una emoción dolorosa.

13. **Sexualización**. Transforma una experiencia de terror o dolor en excitación placentera; Ejemplo, el miedo al abandono o al abuso, en algunos casos pueden ser sentidos como experiencias cuasi gratificantes para que sean más llevaderas.

14. **Sublimación**. Es la satisfacción derivada y adaptativa de aquellas emociones que no pueden ser expresados directamente por las prohibiciones sociales, aquellas emociones inacabadas; Ejemplo, un cirujano podría estar sublimando su agresividad mediante su excelencia o un artista sublimaría su carencia afectiva mediante el estudio de una carrera de cinematografía. La ventaja de la sublimación es que permite la descarga emocional en lugar de luchar contra ella, haciéndola más aceptable, se transforman deseos frustrados especialmente deseos sexuales en actividades

sustitutivas, productivas y aceptables socialmente, esto quiere decir, que cuando un científico logra un descubrimiento, la explicación de una ley o la compresión de un fenómeno, o en el caso de un artista, termina una obra artística, estos logros son actos que terminan en un sentimiento de placer, tal como si fueran actos sexuales.

15. **Condensación**. Mecanismo propio del sueño ligado a los significados del lenguaje onírico, que ocurre cuando dormimos, donde se revelan y se descarga un enjambre de sentimientos e ideas, de las que muchas veces no conseguimos asociarlas a la conciencia; Ejemplo, soñar en revisar la cerradura de la casa podría tener varias explicaciones; el temor a que su intimidad sea invadida pero también a exponer sus deseos inconscientes reprimidos. La puerta representaría la entrada y la salida al inconsciente por condensación.

Todas estas conductas diferenciadas y diagnosticables en un psicoanálisis, pueden desembocar en respuestas psicofiológicas detectables en los procesos de interacción humana.

Reactancia psicológica

La reactancia es una respuesta emotiva ante la percepción de un cambio en nuestra zona de confort, que no solo se da individualmente, sino que puede manifestarse de manera colectiva, como podría ser, ante acontecimientos económicos o políticos, que pretenden imponernos medidas que percibimos como ilegítimas y amenazantes de nuestra rutina y costumbres urbanas, razón por la que se precipita por ejemplo, el efecto dominó en los éxodos o migraciones, donde al irse uno, se sumas dos y luego miles, porque nuestra alquimia cerebral identifica la propuesta del estímulo externo como una imposición y no como una sublime sugerencia, a la que reaccionará casi instintiva e irracionalmente.

La reactancia psicológica se produce cuando se nos amenaza la libertad de autonomía, para que realicemos una acción en particular o cuando pretenden presionarnos para que asumamos como propia una idea ajena, de modo que, iniciamos un proceso motivacional para intentar restaurar la tan preciada libertad emocional. Las reacciones de rebeldía ante lo prohibido, ante lo que se nos quita, más que una negativa por estar en desacuerdo, es la necesidad de resguardar la autonomía personal amenazada, manifestada por la expresión *¡será lo que yo diga, no lo que otro quiera!*

Un tipo de reactancia psicológica sería la conocida *"psicología inversa"*, una suerte de manipulación afectiva, premeditada y construida intencionalmente desde la perspectiva del otro, que insiste en incidir en nuestra psiquis para que tomemos una decisión distinta a la que racionalmente no tomaríamos, que cambiará nuestra conducta, induciéndonos a pensar y hacer lo contrario de lo que debe hacerse, para evitar que tomemos una decisión de manera racional. Caso típico del amigo que te invita a una fiesta o reunión, la noche antes de una evaluación escolar, ofertándote emociones de placer y disfrute frente a las obligaciones académicas, afirmándote que ese momento será único y no volverá. Pues, antes de tomar cualquier decisión, debemos hacernos consciente, si la sugerencia recae sobre una amenaza real o simplemente se trata de una amenaza simbólica e irreal que percibimos desde una emoción de placer. Estando entonces en la línea de la realidad en el aquí y el ahora, cuantificando objetivamente las posibles consecuencias negativas, asumimos una decisión desde el racional consciente y no desde el improvisado mecanismo de defensa de la reactividad psicológica. Evitarás la tentación del dicho popular *"Sarna con gusto no pica, si pica no mortifica"*, y con ella, las consecuencias dolorosas de una emoción insensata y apurada, desafiante de la lógica razón. Esto no significa a renunciar a los impulsos de la naturaleza humana, que nos distingue y alimenta nuestras pasiones, sencillamente se trata de colocar en una balanza el impacto de sus consecuencias y decidir con acierto.

Este viejo mecanismo de defensa inconsciente, que involucra el lenguaje verbal, es utilizado oscuramente en la historia del hombre por gobiernos arbitrarios, dictatoriales, que utilizan hábilmente sobre las masas del colectivo, para propiciar respuestas reactivas, tendientes a desafiar las voluntades más fuertes, obteniendo una respuesta de huida colectiva, manipulando y sembrando en otros, la *"desesperanza aprendida"*, derrumbando esa barrera natural de supervivencia que posee nuestra psiquis como lo es la reactancia psicológica.

Trastorno mental

Para La Organización Mundial de la Salud (OMS) un trastorno mental es *"una alteración de tipo emocional, cognitivo y/o comportamiento, en que quedan afectados procesos psicológicos básicos como son la emoción, la motivación, la cognición, la conciencia, la conducta, la percepción, la sensación, el aprendizaje, el lenguaje, etc. Lo que dificulta a la persona su adaptación al entorno cultural y social en que vive y crea alguna forma de malestar subjetivo."*

Trastornos afectivos y causas

Los trastornos afectivos son alteraciones emocionales que afectan al estado de ánimo y que pueden aparecer en cualquier etapa de la vida, por razones diversas y se caracterizan por ser de corta o mediana duración. Estas alteraciones oscilan de cuadros leves a muy graves. Los trastornos afectivos también llamados desórdenes del estado de ánimo, son problemas de salud mental que incluyen todos los tipos de depresión y desorden bipolar. Durante la década de 1980, los profesionales de salud mental empezaron a reconocer los síntomas de los trastornos afectivos en los niños y adolescentes, además de los adultos. Sin embargo, los niños y adolescentes no necesariamente tienen o muestran los mismos síntomas que los adultos. Es más difícil diagnosticar trastornos afectivos en niños, debido a que éstos no siempre pueden expresar cómo se sienten. Los trastornos afectivos en adolescentes como la ansiedad los ponen en riesgo de padecer comportamiento de abuso de drogas, que pueden continuar mucho después de que se resuelva el problema inicial del trastorno afectivo.

Hay sustancias químicas en el cerebro llamados neurotransmisores, que intervienen y regulan las emociones. Los trastornos afectivos son causados por desequilibrios en los químicos del cerebro, que actúan junto a factores ambientales sobrevenidos como eventos inesperados de la vida, el estrés crónico y la predisposición genética, lo que comporta una multifactoriedad de causas.

Cualquiera puede sentirse deprimido o triste en ocasiones, pero los trastornos afectivos son más intensos y difíciles de manejar que los sentimientos de tristeza normales. Los niños, los adolescentes o los adultos que tiene un padre con trastornos afectivos tienen más probabilidades de tener también un trastorno afectivo, aunque no es una garantía de que vaya a ocurrir. Sin embargo, los eventos de la vida y el estrés pueden dejar expuestos o exagerar los sentimientos de tristeza o depresión, haciendo que los sentimientos sean más difíciles de controlar. Resultar despedido de un empleo, divorciarse, perder a un ser querido, una muerte en la familia y los problemas financieros, por nombrar algunas situaciones, pueden ser difíciles. Estos eventos de la vida y junto al estrés pueden provocar sentimientos de tristeza o depresión o hacer que un trastorno afectivo sea más difícil de manejar, según sus aptitudes para salir adelante y su resiliencia.

Tipos de trastornos afectivos

Los más habituales trastornos afectivos son el adaptativo o crisis vital, la depresión, la distimia, la ansiedad, la bipolaridad y el afectivo mayor del tipo alegre.

Trastorno adaptativo o crisis vital; es un trastorno mental causado por la dificultad en ajustarse a un suceso estresante de gran impacto emocional, como por ejemplo, un divorcio, un accidente, ser diagnosticado de una enfermedad, un cambio de oficio o de residencia. Este trastorno transcurre *en los tres primeros meses al evento que lo origina*, siendo menos severo y duradero que la depresión, con síntomas como la desesperanza, la tristeza, lloros, ansiedad o nervios, preocupaciones, dolores de cabeza o de estómago, palpitaciones, perdida de interés en actividades, aislamiento social, ausencias en el colegio o el trabajo, peleas, vandalismo, conducción temeraria, consumo de drogas o alcohol, insomnio, somnolencia, cansancio o falta de energía, falta de concentración.

Tristeza clínica o mejor conocida como *depresión*; Caracterizada por un período de estado de ánimo irritable o una notable disminución del interés o del placer de realizar las actividades usuales, junto con otras señales, *con una duración de al menos dos semanas*.

Distimia; Es un desorden depresivo crónico, caracterizado por un estado de ánimo irritable o deprimido, de alta magnitud y *durante al menos un año*, que puede traer síntomas parecidos al Trastorno Adaptativo.

Ansiedad; Son sentimientos de nerviosismo y miedo, que paraliza, aterrorizan y pueden crear un estado de pánico emocional. Pudiéramos encontrar varios tipos de trastornos de ansiedad, como: La ansiedad generalizada, el pánico, el obsesivo compulsivo, el estrés postraumático, la fobia social, la agorafobia y la fobia específica. *El Trastorno de Ansiedad Generalizada (TAG)*; se siente cuando tienes que hacerles frente a situaciones que pueden resultar estresantes como hablar en público, jugar un partido de fútbol de importancia, una entrevista de trabajo, en fin, preocupaciones intensas, irracionales, persistentes, que interfieren con el funcionamiento normal de las actividades diarias, en el trabajo, la escuela, los amigos y la familia. *El Trastorno de Pánico*; experimenta sensaciones de muerte o la posibilidad de quedarse sin aire, que puede causar tanto problemas psicológicos como físicos, de hecho, la sensación puede ser tan intensa que requiera hospitalización y se caracteriza por la presencia de ataques de pánico recurrentes e inesperados, preocupación después de haber tenido un ataque de pánico de que va a ocurrir otro, al menos durante un mes, alcanzando su pico a los diez minutos y suelen durar hasta media hora, permitiendo que la persona sienta cansancio o agotamiento, pudiendo ocurrir varias veces al día o sólo una vez cada pocos años. *El Trastorno Obsesivo Compulsivo (TOC)*; hace que la persona tenga pensamientos, ideas o imágenes intrusivas, que causan obsesiones o fijaciones, provocando que quien la padezca realice ciertos rituales o acciones llamadas compulsiones para reducir su malestar, por ejemplo, miedo a contaminarse o sensación de duda de quien, a pesar de haber cerrado la puerta, se devuelve repetidamente a verificarlo, o de aquel que, organiza repetidamente las cosas. *El Trastorno por Estrés Postraumático (TEPT)*; es el que ocurre cuando el individuo ha vivido una situación traumática que le ha provocado un gran estrés psicológico, que puede ser incapacitante, como por ejemplo, un accidente serio de tráfico, de abuso sexual, de tortura durante la guerra, que hace que, cuando la persona revive el hecho que le ha causado el trauma experimente pesadillas, sentimientos de ira, irritabilidad, fatiga emocional o desapego hacia los demás. *La Fobia social*; es el miedo irracional hacia situaciones de interacción social, por miedo a ser juzgados, criticados, humillados, donde se piensa que los demás se van a reír de ellos delante de los demás, por lo que, algunos individuos pueden sufrirla al hablar por teléfono o comer frente a otras personas, siendo frecuente confundir la fobia social con la timidez, pero no todas las personas tímidas sufren fobia social. *La Agorafobia*; es el miedo irracional de estar en espacios abiertos como grandes avenidas o parques, creando una sensación de desprotección y vulnerabilidad, por tanto, el miedo es producido por las consecuencias de encontrarse expuesto a esos lugares, en el que se siente indefenso, lo que hace que en los casos más graves el sujeto sea recluirse en su casa como forma de evitación. *La Fobia Específica*; es el miedo irracional a un estímulo, como por ejemplo, a una situación, un objeto, un lugar o un insecto, que puede llegar a interferir en el funcionamiento normal de su vida diaria.

El trastorno bipolar o trastorno maníaco depresivo; Es una enfermedad mental que causa cambios extremos en el estado de ánimo que comprenden altos emocionales (manía o hipomanía) y bajos emocionales (depresión). Cuando el individuo se encuentra en el estado extremo de la euforia o alegría, es decir, se encuentra en estado de ánimo maníaco o hipomaníaco se siente lleno de energía, e inusualmente irritable, en tanto que, cuando se encuentra en el estado extremo de la tristeza clínica o depresión, se encuentra en un estado de ánimo triste, desesperanzado, con pérdida del interés de sus actividades habituales. El individuo se afecta en el sueño, en su juicio, su comportamiento y en la capacidad de pensar con claridad. Esta afección cuyo origen patológico se encuentra en la carencia de formación de las dendritas en las neuronas, especialmente, creando un par, entre una dendrita y el axón, no permitiendo un equilibrado intercambio de información emocional entre las neuronas, dificultando el flujo informativo y por consiguiente colapsando, lo que hace que, en un momento el individuo se encuentre alegre o maníaco y en otro instante, se encuentre deprimido. Esta condición es de por vida, pero es susceptible de un plan de tratamiento farmacológico bajo la vigilia de un médico psiquiatra y de apoyo psicológico.

Trastorno afectivo mayor, tipo agradable; Según el psicólogo clínico Dr. Richard Bentall, la felicidad prolongada es estadísticamente anormal, consiste en un grupo discreto de síntomas, que se asocia con una serie de anomalías cognitivas que refleja cierto funcionamiento anormal del sistema nervioso central, que distorsiona la percepción del individuo, que al no alcanzar la sensación prolongada de felicidad lo frustra emocionalmente ocasionándole la impresión de tristeza e infelicidad, pero que, siendo socialmente aceptada médicamente es descartada como una patología. Bentall afirma que la felicidad no es valorada negativamente, dándose por hecho que, es algo positivo y por esa razón queda descartada del estudio de la ciencia. De acuerdo a Richard Bentall, los estudios sobre el Trastorno Afectivo Mayor de felicidad prolongada reporta algunos síntomas tales como; A alta intensidad de felicidad alta intensidad de otras emociones, que crea neurofisiológicamente desinhibición en el individuo, sintiéndose mucho más liberado, sobre estimulando un exceso de autoestima y juicios equivocados sobre la realidad, pero que al pasar la euforia de la felicidad la mayoría de las personas afirman sentirse infelices, ofrece un exceso de vigor energético colocando al individuo menos perceptivo al dolor, engrandece los logros de la persona y supone que los demás lo tienen en la misma estima y puede durar desde unos minutos hasta meses. Es claro que tales síntomas colocan al paciente en una situación emocional extrema. Esta felicidad prolongada, se distorsiona en dos factores, en una *felicidad idealizada* (error conceptual), donde la idea de ser feliz indefinidamente lo vuelve desdichado, porque se siente obligado a conseguir a todo costo una felicidad idílica, mal conceptualizada, donde el más leve atisbo de tristeza desata miles de alarmas su cabeza, que lo hace pensar que tiene que eliminar esa sensación sin analizar el contexto; y en la *supresión de la tristeza*, a su intolerancia, por lo que el individuo huye lo más lejos de la tristeza, ignorando que, a través de ella sanan los duelos, los apegos afectivos. Pretender convertir la emoción de la felicidad en un largo y constante estado de ánimo, produce un Trastorno Afectivo Mayor Hipomaníaco.

Otros expertos sostienen que el gran detonador para que emerjan los trastornos de la felicidad prolongada es el mercadeo de la felicidad, el manipulado sentido que le ha dado el marketing publicitario a la emoción de la felicidad, distorsionando su concepto y trastocando su valor y efectividad en las habilidades sociales, vendiendo un patrón de consumo bajo la utopía de que para vivir hay que hacerlo eternamente feliz y por contraposición hace a la sociedad más dependiente, más apegado a lo material y más infeliz, al verse disminuido y frustrado de no poder adquirir bienes para sustentar la sensación que promociona.

Trastornos de la personalidad

Son un conjunto de enfermedades mentales que se instalan de manera individual o mixta en el inconsciente del sujeto a partir de la terminación del árbol dendrítico neuronal desde los 5 años de edad hasta la entrada de la edad adulta y final de la adolescencia, de forma permanente y rígida, a consecuencia de heridas psíquicas traumáticas y en extremo dolorosas, en la crianza o educación del sujeto, por parte de algún evento siniestro y abusivo, en el que participa padres, cuidadores, representantes o alguna otra persona influyente que imponen su autoridad por encima de la estabilidad emocional del afectado, que le desarrolla mecanismos inconscientes de defensa para tolerar la exposición prolongada del maltrato emocional. Se diferencia del trastorno afectivo en que éste es de corta y transitoria duración, en tanto que, el trastorno de la personalidad es permanente y rígido, es decir, inalterable, razón por la que enfrenta al sujeto que lo padece a las exigencias de la cultura donde se mueve. Este comportamiento defensivo en origen, que con los años y la experiencia se vuelve hostil, interfiere con la capacidad de la persona para desempeñarse en sus relaciones interpersonales.

Los trastornos afectivos y de la personalidad, tienen graduaciones en su instalación, que va desde el tenue hasta el severo, pero el trastorno afectivo dada su naturaleza transitoria, así como se gesta desaparece, pero el trastorno de la personalidad no se cura, simplemente se reduce y mejora su graduación en función de la efectividad de la psicoterapia adecuada o de la terapia farmacológica en caso de patologías neurológicas.

Los trastornos comportan malestares y perjuicios para quien lo sufre, que lo enfrenta al desequilibrio emocional y sentimental, que lo aleja del manejo asertivo de sus relaciones sociales. La necesidad de tratamiento de los trastornos es irrenunciable, porque las personas afectadas sufren por ello e inconscientemente, pueden hacer daño a otras personas o hacerse daños a sí mismas, pudiendo convertirse en padres contraproducentes para sus hijos. La valoración de la personalidad debe atender los antecedentes étnicos, culturales y sociales del sujeto, para su adecuado tratamiento. Contradictoriamente, la cultura y la sociedad que critica el comportamiento del trastornado, contribuye de alguna manera en la gestación de los mismos, por el manejo de una semiótica errada de creencias y mitos conductuales que no se ajustan al complejo universo de la cognición y de las emociones. Los trastornos de la personalidad no se deben confundir con problemas asociados a la adaptación a una cultura diferente que se da tras la migración o con la expresión de hábitos, costumbres o valores religiosos o políticos propios de la cultura de origen del sujeto.

De cualquier manera, el paso hacia la mejoría del o los trastornos dependerá de la necesidad interna que tenga el sujeto de conseguir alivio por las pugnas o la pasividad constante en sus interrelaciones y para ello, debe hacerse consciente de que algo en su ser no está bien, porque su comportamiento choca con la mayoría de las conductas que rodea su mundo, es decir, debe asumir un comportamiento *egodistónico*; lo contrario sería una conducta *egosintónica*, simplemente sin conciencia de la presencia patológica del trastorno.

La egosintonía y la egodistonía

Las palabras egosintonía y la egodistonía, son palabras compuestas. El *ego* o *yo* representa nuestra identidad personal frente a los demás, en tanto que, la palabra sintónico es otro compuesto que significa *"resuena con otra cosa, sintoniza"* y la palabra griega distonía, utilizada en la medicina, significa *"alteración del tono de un tejido orgánico"*. La distonía, resulta de una anormalidad en un área del cerebro llamada putamen del ganglio basal, donde se procesan algunos de los mensajes neurológicos desordenados que inician las contracciones musculares.

En el área de la conducta, las palabras egosintónico y egodistónico se utilizan para describir de qué forma cada persona percibe que está en sintonía o no con sus sentimientos, sus comportamientos, éxitos o fracasos. Entonces, cuando la persona no le genera malestar significativo su forma de enfrentarse a una determinada situación o problema, decimos que posee síntoma o personalidad egosintónica, es decir, en sintonía o sincronía con su realidad. Por el contrario, cuando la persona vive con malestar o incomodidad con su forma de enfrentarse a determinadas situaciones o problemas, decimos que es egodistónica. La psicoterapia es un proceso guiado para el cambio, por tanto, si el malestar es egodistónico potenciara las posibilidades de éxito de la terapia psicológica. En el egosintónico no habrá malestar porque el sujeto no tiene conciencia de su trastorno.

En este ámbito, existe el término de *neurosis*, que es la presencia de trastornos nerviosos y alteraciones emocionales sin aparente lesión física en el sistema nervioso

Tipos de trastornos de la personalidad

Grandes números de autores clasifican los trastornos de la personalidad en tres grupos: Grupo A; Formado por el Trastorno Paranoide, el Trastorno Esquizoide y el Trastorno Esquizotípico. Grupo B; Formado por el Trastorno Antisocial, el Trastorno Limítrofe o borderline, el Trastorno Histriónico o Teatral y el Trastorno Narcisista. Grupo C; Formado por el Trastorno por Evitación, el Trastorno por Dependencia, el Trastorno Pasivo Agresivo o Negativista y el Trastorno Obsesivo Compulsivo.

Trastorno Paranoide Vigilante _*Desconfiado extremo*

Afección de la personalidad caracterizada por la desconfianza generalizada hacia los demás, incluyendo los amigos, la familia y la pareja. La persona que lo padece se siente vigilado, bajo sospecha y busca constantemente pistas que validen su teoría conspiratoria, siendo extremadamente sensible a los reveses de la vida, sintiendo vergüenza y humillación, por lo que, tiende a aislarse de los demás y a destruir sus relaciones cercanas. Utiliza los celos, el orgullo, el espionaje como forma de control a su desconfianza. Son malos simuladores, nunca bajan la guardia porque tienen la creencia de estar rodeados de depredadores, son detallistas y buscaran descubrir mucho sobre tu vida para determinar tu confiabilidad, no responden a preguntas sobre su vida personal, premeditan todo, mantienen bajo perfil para no llamar la atención por lo que rara vez hablan sobre sus logros económicos y profesionales, son distantes y su repertorio verbal está repleto de *"porqué"*, para entender tus motivaciones. Señala Walter Riso que cuando estas frente a un paranoico te sentirás como *"en un exámen de ingreso a la KGB"*.

Trastorno Antisocial Pendenciero _*El bárbaro*

Caracterizado por personas que no obedecen las normas y las obligaciones sociales, es agresivo, impulsivo, carecen de sentimiento de culpa y no conocen el miedo. Sus relaciones no suelen durar, se relacionan con la conducta criminal, carecen de total empatía hacia el prójimo, son crueles y maltratadores. Se presentan como sujetos encantadores y seductores, psicópatas con encanto, en los inicios de su interacción dan la sensación de estar al lado de una persona poderosa, no aceptan un *"no"* por respuesta, buscara que seas incondicional con sus ideas, te utilizará para luego desecharte, son expertos mentirosos, manipuladores, no le interesa lo que piensan de él, persigue actividades extremas, se le asocian alteraciones hormonales como niveles bajos de serotonina y niveles altos en dopamina y hacen que las personas con las que se relacionan adopten una actitud de desesperanza.

Trastorno Esquizoide Ermitaño _*El frío solitario*

Este trastorno hace que sus integrantes se aíslen, evitan las actividades sociales y el contacto con otras personas, no disfrutan las relaciones cercanas, eligen trabajos y actividades solitarias y muestran frialdad emocional por carecer de empatía. La gran mayoría de los esquizoides sufren de *"alexitimia"* una enfermedad psicológica que consiste en la incapacidad de procesar información emocional o afectiva propia o ajena, son malos simuladores, nunca bajan la guardia porque tienen la creencia negativa de que le gente es controladora e intrusa por lo que hacen de su aislamiento e incomunicación un castillo, no disfrutan mucho de las relaciones íntimas, sus respuestas emocionales son planas y poco expresivas, son solitarios de pocos amigos con una historia afectiva muy pobre.

Trastorno Esquizotípico _El elegido_

Trastorno que ocasiona en la persona una rara e inusual apariencia, comportamiento y habla. Suele tener pensamiento mágico y es supersticioso. En ocasiones puede creer que posee superpoderes o que ha sido víctima de experiencias paranormales o con extraterrestres. Tienen problemas para relacionarse por su frialdad y distancia.

Trastorno Limítrofe Inestable o Borderline _Caída al vacío_

Quienes la padecen se sienten vacíos, abandonados, con dificultad para afrontar acontecimientos estresantes, son inseguros, indecisos, cambiantes, inestables, dudan sobre todo, viven en una constante crisis de identidad que le trae una confusión entre su presente y su futuro que los conllevan a una desorientación, pasa a la ansiedad o desesperación en solo unos segundos, vive sus emociones al máximo y sus relaciones amorosas son intensas porque idolatran a la otra persona y así mismo la devalúan, tienen tendencia a las adicciones y algunos se involucran en conductas de riesgo. No se sienten cómodos con la soledad por lo que no se relacionan con su _"yo"_ y no se revisan, por lo que su soledad representa un vacío existencial. Comparativamente el esquizoide resuelve el miedo a la intimidad alejándose, el dependiente lo soluciona apegándose al otro, pero el limítrofe queda suspendido en la contradicción. Se autocastigan con sus acciones, vive en los bordes extremos de las emociones, pudiendo confundirse con el bipolar. Las últimas investigaciones revelaron que aquellas personas que tenían más rasgos de trastorno límite de la personalidad, no se activaban tan fácilmente con los procesos de análisis facial basado en la empatía.

Trastorno Histriónico Teatral _*El gran adulador*

Estas personas poseen baja tolerancia a la frustración, buscan continuamente la aprobación de los demás, buscan llamar la atención de otras personas dramatizando, impresionando o jugando un papel seductor intentando ser escuchados y vistos, tienen baja autoestima, prestan excesiva atención al cuidado de su apariencia, se comportan con demasiado encanto y suelen ver intimidad donde no la hay. Paradójicamente cuanto más joviales, simpáticos e histriónicos se vuelven, más rechazados se sienten por la falta de control sobre sus propias emociones. Es fácil relacionarse con ellos por la mezcla de seducción y apariencia arrolladora, son especialistas en atrapar a los demás y meterlos de cabeza en el juego del coqueteo o el galanteo en palabras de Walter Riso. Son llamativos, se implican emocionalmente en todo lo que dicen y hacen, siempre estarán pendientes de decir lo que esperas escuchar o de adularte exageradamente incluso por cosas que no merecen halago, no conocen la discreción y es probable que busquen acercamientos calentadores y a veces invasores.

Trastorno Narcisista Egocéntrico _El faraón manipulador_

Se ven a sí mismo como seres especiales, casi celestiales, grandiosos, extremadamente importantes, mientras perciben a los demás como inferiores o subalternos, exageran sus logros y presumen de su atractivo o su éxito constantemente, sienten profunda necesidad de ser admirados, son egocéntricos, muy rencorosos, vengativos, abusivos, manipuladores y cuidan en extremo su imagen. De entrada su mejor táctica será endulzarte los oídos, muchas veces se le escapa el trato brusco o descortés, jamás se abren a la realidad del otro porque no quieren competencia, parecen que escuchan cuando le hablan pero solo están pendiente de su ego, sus conversaciones tienden a canalizarse hacia su propia persona, cuando los contradicen se incomodan, exhiben sus mejores marcas, jamás dirá *"no sé"*, se interesarán por amistades importantes e intentarán pasar por encima de las reglas de manera disimulada.

Trastorno por Evitación *_el aislado*

Estas personas reaccionan mal ante las bromas sutiles que le sugieren ridiculez o burla, ansían participar activamente en la vida social, pero temen poner su bienestar en manos de los demás, se inhiben ante las situaciones interpersonales nuevas porque se sienten inferiores y tienen una baja autoestima. No les gustan interaccionar con extraños, se creen a sí mismos socialmente ineptos, poco interesante o inferiores a los demás. Se reprimen para hablar de sí mismos, son reacios a involucrarse en nuevas actividades para evitar aprietos. Son capaces de anular una entrevista laboral por temor a encontrarse en aprietos por no vestir adecuadamente. La baja autoestima y la hipersensibilidad al rechazo están asociadas a la restricción de contactos interpersonales. Estos sujetos tienden a aislarse y no tienen una gran red de apoyo social que les ayude en los momentos de crisis.

Trastorno por Dependencia _El sometido indeciso_

Quienes la adolecen tienen necesidad general y excesiva de que se ocupen de ellos, son sumisos y temen a las separaciones, tienen grandes dificultades para tomar las decisiones cotidianas como por ejemplo elegir el color de la camisa para ir a trabajar, por lo que, requieren de un excesivo aconsejamiento y reafirmación por parte de los demás. Es típico que los adultos con este trastorno dependan de un progenitor o del cónyuge para decidir dónde deben vivir, qué tipo de trabajo han de tener y de quién tienen que ser amigos. Los adolescentes con este trastorno permitirán que sus padres decidan qué ropa ponerse, con quién tienen que ir, cómo tienen que emplear su tiempo libre y a qué escuela o colegio han de ir. El trastorno de la personalidad por dependencia puede darse en un sujeto con una enfermedad médica o una incapacidad grave, pero en estos casos la dificultad para asumir responsabilidades va más lejos de lo que normalmente se asocia a esa enfermedad o incapacidad. Suelen tener dificultades para expresar desacuerdo con los demás, sobre todo con aquellos de quienes dependen, porque tienen miedo de perder su apoyo o aprobación.

Trastorno Pasivo Agresivo *_El negativo retardado*

Hace que quienes lo padecen dejen todo a media máquina, o lo realicen tardío, pero son altamente dependientes al afecto, requieren de otras personas para satisfacer sus necesidades emocionales y físicas. Son incapaces de tomar decisiones por sí solos y evitan estar solos, pero al mismo tiempo no les gustan los compromisos, por lo que son irresponsables ante sus obligaciones. Son incumplidos, piden favores, pero no los hacen, no hará nada que no quieran hacer, son huidizos, evasivos y provocadores para sacar de sus casillas a quienes les rodea en virtud de su incapacidad de terminar sus actividades, generalmente son tranquilos de carácter, pero ante las exigencias huye, esquiva y son lentos en el actuar y su agresividad radica en su capacidad de retardar o evadir sus tareas como especie de reto ante su exigencia. Son despreocupados, cómodos, dejados, resistentes al cambio, sus apreciaciones son destructivas y negativas, pero buscan el proteccionismo.

Trastorno Obsesivo Compulsivo *_El perfeccionista*

Esta personalidad es muy disciplinada, exagerada al orden y apegada a las normas y reglamentos. Rígido e inflexible, incluso en el sexo, monótono, perfeccionista, moralista. Hagas lo que hagas siempre serás imperfecto y nadie lo hará mejor que él, sin expresiones intensas de afecto, rechazan el ocio, hacen culto al trabajo, buscan tener el control de todo para hacerse cargo, se focalizan en los detalles, buscan más los defectos que los aciertos, no soportan que las cosas no estén en su sitio, nada dejan al azar, andan de punta en blanco en su vestimenta y sus movimientos y es sumiso ante la autoridad.

Grados de los trastornos de la personalidad

La mayoría de los trastornos de la personalidad pueden desarrollarse de modo leve, moderado o severo, pudiendo su actuar leve pasar desapercibido, sin embargo, los grados moderado y severo, pueden crear serios conflictos en sus relaciones interpersonales. Es frecuente que los individuos presenten al mismo tiempo varios trastornos de la personalidad pertenecientes a grupos distintos, que no deberá confundirse con el trastorno de identidad disociativo (TID) o personalidades múltiples.

Las víctimas afectivas, aquellas personas muy cercanas que rodean a las personas que sufren el trastorno, como parejas e hijos, usualmente asumen dos posiciones frente a los dramas o estallidos emocionales que generan dichas patologías; por un lado, *una línea blanda*, es decir, asumen el rol de víctima terapeuta, tolerando y hasta auspiciando el comportamiento desequilibrado del agresor afectivo envuelto en la patología, bajo la errada creencia de lograr mermar el cuadro al no causar resistencia, lo que hace que, lejos de mejorar la tensión interpersonal, ésta se afiance en el victimario y se reproduzca con mayor intensidad. Por otro lado, que se asuma ante el victimario *una línea dura*, es decir, restringir la expresión de afecto y marcar límites, en cuyo caso la respuesta será una explosión incontrolable del agresor afectivo. Para subsanar estos estallidos emocionales sin control, se recomienda la psicoterapia por parte de expertos psicólogos o psiquiatras, sea el caso.

Misantropía

Misantropía, palabra que proviene del griego *misos* que significa odio y *anthropos* que significa humano. El misántropo no es un trastornado con una conducta patológica, ni un enfermo mental, es el rasgo psicológico de su personalidad, es su actitud de aversión, desprecio o desconfianza hacia el género humano, que no necesariamente comporta odio. Su opuesto es la filantropía, el amor hacia el humano.

Un misántropo muestra antipatía, sin que ello comporte ausencia de empatía y se mide por grados, puede ser atenuada, inofensiva a la crítica social o severa, hasta la destrucción o la autodestrucción.

Pudiera pensarse que los síntomas de una persona asocial o con un tipo de trastorno afectivo como la ansiedad social, puede confundirse con el misántropo, dado la incomodidad que representa para aquellos estar en presencia de otras personas, rehuyendo de situaciones sociales. Nada más lejos de la realidad, ya que el misántropo suele tener una gran confianza en sí mismo y ser bastante arrogante, contrario a la conducta asocial o ansiosa. De hecho, muchos misántropos son capaces de funcionar en sociedad de manera prácticamente normal, a simple vista, y solo es detectable su actitud cuando hablamos con ellos y le preguntamos por sus opiniones, revelando el desprecio o el descontento hacia la humanidad. Es por ello que, los misántropos toman la decisión de alejarse de las personas o recluirse para no tener que estar en contacto con ellas.

El sistema de creencias que sustenta la visión misantrópica recae en personas que pudieron haber sido abusados o marginados de jóvenes, allí su desconfianza para protegerse, pero generalmente se debe al cansancio de dichas personas de lidiar con los demás, que ocurre muy a menudo entre individuos especialmente inteligentes, racionales o talentosos, con tendencias a la introversión, llegando incluso a pensar que la mayoría de la sociedad está conformada por idiotas o ciegos intelectuales, lo que estimula su crecimiento al rechazo y aversión hacia el humano. Dada su percepción del hombre, prefieren actividades que puedan realizar en solitario como la lectura, los videojuegos, navegar por Internet, aunque tienden a evitar las redes sociales o plataformas virtuales para no interactuar con otros individuos de manera continua. No soportan el drama, por lo que detestan verse envuelto en conflictos absurdos y triviales, les molestan las personas quejosas y las pequeñas peleas sobre asuntos cotidianos e irrelevantes, así como, la incompetencia, el desorden y la falta de organización, a lo que responden muchas veces con ira. Además, usualmente carecen de sentido del humor y son rígidos en sus facciones.

CAPÍTULO 4

LOS RUIDOS DE LOS MOVIMIENTOS QUE LIBERAN

Biocodificación

La sinapsis anteriormente comentada o por defecto la arborización dendrítica, para producir emociones secundarias, sentimientos, pensamientos, recuerdos, sencillamente aprender, requiere la inclusión previa de información en los bancos de la memoria esparcidos en nuestro conjunto celular, específicamente en el ADN, como figuras, símbolos, signos, imágenes o cualquier otra morfología que la persona experimente y perciba desde su mente, a través de los sentidos de la vista, el gusto, el tacto, el olfato y el oído. El punto es que, el sistema cerebral las reproduce conforme se relaciona con el mundo exterior, es por ello que, mientras más información procese, podrá realizar procesos más complejos de asociación y comparación cognitiva y al mismo tiempo incrementar el poder creador de su imaginación, que es directamente proporcional con la experiencia vivida, alojada como memoria motora y como memoria psicológica en la ácidodesoxirribonucleico (ADN), permitiéndolo la primera la fisiología del organismo y la segunda la rememoración de las experiencias relevantes o dramas familiares padecidos en vida por nuestros ancestros, que constituyen el banco molecular de transferencia gética. Somos un mecanismo de biocodificación que participa de la psicofisiología, el movimiento de la psiquis.

Antecedentes históricos de la psicofisiología

La psicofisiología, aunque su término estimula a una presentación contemporánea, tiene sus raíces en la antigüedad. Así, *Platón* en los años 428 y 347 a.C., postuló tres regiones diferentes en el funcionamiento humano como; la razón y la percepción localizadas en la cabeza, las pasiones nobles como el coraje o el orgullo situados en el corazón y las pasiones bajas como la codicia y la lujuria ubicados en el hígado y los intestinos. Es claro que esta asociación de emociones y órganos, daba inicio a la necesidad de explicar nuestro sentir psicológico a través del campo de la medicina. Por otro lado, *Aristóteles*, afirmaría que el cerebro no originaba ninguna sensación y entendía que el corazón debía ser donde se producían las sensaciones, hipotetizando la estructura del ánima en tres dimensiones como la vegetativa, la sensitiva e intelectiva. Fue *Herphilus* en la época de Aristóteles que, se dedicó a diseccionar cuerpos de animales y personas para el estudio del sistema nervioso, desde músculos y piel hacia las regiones del cordón espinal. Para los años 157 a.C., *Galeno* reportaría los cambios en el comportamiento de los gladiadores cuando eran heridos en la cabeza, es decir, siendo el primero en asociar el cerebro con el funcionamiento mental, en oposición al pensamiento Aristotélico. Posteriormente hacia el año 400 d.C., *Nemesisus* formuló la Teoría de la Localización en el Cerebro, bajo la idea de que la cognición estaba en los ventrículos. Ya en el siglo XVIII, *Thomas Willis* fue el primero en situar las funciones en la corteza cerebral, específicamente ubicó la *sensación* en el estriado, la *percepción* en el cuerpo calloso y la *memoria* en la corteza. Para la misma época, *Peroynie* situó la *inteligencia* en el cuerpo calloso indicando que una lesión al hemisferio no provocaba déficits importantes. A principios del siglo XIX, *Joseph Gall* impulsó el estudio acerca de la localización del cerebro en las distintas funciones cognitivas y *Flourens* postuló una teoría antagónica a la de Gall, defendiendo que los *procesos mentales* dependían del funcionamiento global del cerebro. A mediados del siglo XIX, *años de oro de la psicofisiología*, el neurólogo suizo *Paul Broca* descubrió el área que lleva su nombre área de Broca a través del caso *Tan-Tan* en estudio al paciente *Louis Victor Leborgne*, para que 5 años más tarde, se descubriera el área de Wernicke por el neurólogo *Carl Wernicke*, que localizaron las zonas que permiten el habla, la interpretación, el procesamiento y entendimiento del lenguaje hablado y escrito. A finales del siglo XIX, *Wilhem Wundt* publica el libro *"Principios de Psicología Fisiológica"*, naciendo formalmente dicha disciplina, para evolucionar en lo que hoy conocemos como psicofisiología. Durante los años 60 del siglo XX, *Geshwind* demostró la importancia de las conexiones en las tareas complejas y describió el Síndrome de Desconexión, refiriéndose a la lesión en las conexiones entre las distintas áreas cerebrales; *Luria*, por su parte, se dedicó a estudiar los pacientes de la segunda guerra mundial e identificó trastornos localizados en la corteza prefrontal del cerebro.

Psicofisiología

Rama de la psicología relacionada con las bases fisiológicas de los procesos mentales como la memoria, el lenguaje, el aprendizaje y las emociones. En los años 90 era denominada psicofisiología cognitiva y actualmente se le denomina neurociencia cognitiva. La experiencia clínica de neurólogos y psicológicos estrechan cada vez más, las razones del comportamiento humano, expresado en tests neuropsicológicos, en especial al darnos respuestas en el campo de la neurología.

Es pues la psicofisiología, la relación existente entre los procesos mentales con los procesos bioquímicos de nuestra anatomía, la fusión orgánica entre cuerpo y mente. La psicofisiología nos aleja de la subjetividad de la psicología, por lo que, hoy podemos explicar muchos de los procesos emocionales y del pensamiento a través de la matemática psicométrica de los test, en base a la filosofía de las matemáticas. Hoy contamos con imágenes del tomógrafo y de exámenes electroencefalográficos para explicar el comportamiento del cerebro al estímulo de los procesos mentales. Un psicofisiólogo, por ejemplo, puede investigar cómo exponerse ante una situación estresante produce un resultado en el sistema cardiovascular, tal como un cambio en el ritmo cardíaco. La psicofisiología está estrechamente relacionada con la Neurociencia y la Neurociencia Social, que trata fundamentalmente de las relaciones entre sucesos psicológicos y respuestas cerebrales. También se le relaciona con la psicosomática médica, muy utilizada en procesos seudo terapéuticos en la psiquiatría y en general en la medicina moderna, e incluso, en la autocuración, que trataremos más adelante.

Es pues, el mecanismo fisiológico linfático-lumbar, a través de esa información motora, previamente alojada en la estructura de nuestro ADN y liderada por el Hipotálamo, que procesa las conexiones entre las neuronas en su complejo conjunto de árboles dendríticos llamada plasticidad neuronal.

Plasticidad neuronal

Plasticidad neuronal es la capacidad de las neuronas o células del sistema nervioso de suplir las deficiencias funcionales de aquellas neuronas lesionadas o autoaniquiladas y al mismo tiempo de establecer nuevas comunicaciones en el tejido neuronal, por las nuevas experiencias y con ocasión a los nuevos aprendizajes, es decir, una comunicación neuronal jamás es igual a otra, por lo que están constantemente cambiando la propia cartografía de su red. Esta plasticidad es la responsable de la actividad de nuestro aprendizaje, pensamiento, emociones, sentimientos y de nuestra memoria. Pues bien, siendo la plasticidad neuronal conexiones de información entre neuronas, se hará necesario saber cómo nuestro cerebro procesa esa información de signos, símbolos e imágenes que percibe mediante los órganos de los sentidos y como asocia sus significados para hacer posible nuestra comunicación afectiva y de la que participa la ciencia de la semiótica.

Semiótica general

Etimológicamente semiología proviene de dos vocablos griego, por *emeion* que se traduce como "*signo*" y *logos* que se traduce como "*estudio o tratado*", por lo que, podíamos afirmar que, es la ciencia derivada de la filosofía que estudia los sistemas de signos, como base para la comprensión de toda actividad humana, tanto lingüísticos vinculados a la semántica y la escritura, como semióticos vinculados a los signos humanos y de la naturaleza, entendiendo por signo toda palabras, imágenes, sonidos, olores, sabores, actos y objetos, que nosotros le damos significado, por lo que, cualquier cosa puede ser un signo siempre y cuando alguien lo interprete como algo que contenga significado. En este sentido, la semiosis es la instancia donde "*algo significa algo para alguien*" y es por lo tanto portador de sentido. La semiótica distingue entre la denotación y la connotación; entre claves o códigos y los mensajes que transmiten, así como entre el análisis paradigmático (negativo, positivo, contraste) y sintagmático (dimensiones de espacio y tiempo).

La semiología atiende a la teoría de la información y de la comunicología o ciencia que estudia los sistemas de comunicación dentro de las sociedades humanas y la hermenéutica o disciplina que se encarga de la interpretación de los textos. La semiótica que atiende Umberto Eco en su *"Tratado de Semiótica General"* se refiere a la interrogante *"¿Por qué y cómo en una determinada sociedad algo, una imagen, un conjunto de palabras, un gesto, un objeto, un comportamiento, etc. significa?"*, es decir, al signo, su significado y su asociación de ideas. Por lo que, para la contextualización de este capítulo, nos referiremos a la semiótica lingüística, cultural, y a la semiosis.

Finalmente, es importante no confundir la semiótica lingüística, a la de otras semióticas, como la semiótica clínica que en la medicina estudia los signos a través de los cuales se manifiesta una enfermedad, la zoosemiótica que estudia el intercambio de señales entre animales, la *semiótica cultural* que estudia los sistemas de significación creados por una cultura, la *semiótica estética* que estudia los niveles de lectura de obras de arte de diversas técnicas o disciplinas y la zemiología con "zeta" que estudia los daños sociales por los crímenes de estado y de comercio, como la pobreza, la corrupción, los guetos, que pudiera encajar a un costado de la criminología y la sociología.

Antecedentes históricos de la semiótica

La semiótica comenzó su desarrollo sistemático en la década del sesenta, que obtuvo una fuerte impronta porque sus autores fundamentales fueron filólogos y lingüistas como Ferdinand de Saussure, Louis Hjelmslev, Roman Jakobson y Ludwig Wittgenstein. El lingüista Ferdinand de Saussure, a comienzos del Siglo XX, había concebido la posibilidad de la existencia de una ciencia que estudiara los signos *en el seno de la vida social*, a la que denominó semiología. Posteriormente otro lingüista, el danés Louis Hjelmslev en 1943, profundizó en esta teoría en su trabajo de Glosemática, elaborando un sistema dentro del paradigma estructural con sus prolegómenos a una teoría del lenguaje, sentando los principios que servirán de fundamento teórico y epistemológico a ulteriores desarrollos de la semiótica estructuralista. Fueron el ruso Roman Jakobson y el austríaco Ludwig Wittgenstein, quienes agregaron las bases de la pragmática lingüística al declarar que *"el significado es el uso"*. En tanto que, Saussure consideraba el lenguaje como un sistema de signos, donde cada signo debía considerarse como constituido por un significante (un sonido imagen o su equivalente gráfico) y un significado, es decir, el concepto u objeto al que representaba (Eagleton, 1994).

Otra línea de investigación semiótica se desarrolló sobre los escritos que dejó el filósofo y lógico estadounidense Charles Sanders Peirce, conocido como Semiótica Anglosajona, Semiótica Lógica o Semiótica a secas, que toma como objeto de estudio a la semiosis, proceso en el cual se daba la cooperación de tres instancias: a) El *representamen*, o signo en sí, vale decir, una manifestación material y perceptible que representa a otro objeto; b) el *objeto*, que es aquello representado, esto es, aquello de lo que el signo da cuenta y c) el *interpretante*, o sentido que el signo produce. Así, el signo es para Peirce el producto de esta dinámica de semiosis, que la semiología europea designaba con otra terminología, respectivamente, significante, referente y significado, lo que luego se denominó *"Triángulo de Ogden y Richards"*, estructura que integra los tres elementos que configuran cualquier signo y que puede desfigurarse por fenómenos como la sinonimia, la homonimia, la polisemia, entre otros, de forma que, el triángulo puede transformarse en un rombo, un segmento, etcétera.

**Semiótica Lingüística
del Triángulo de Ogden y Richards
en la teoría del significado del signo lingüístico**

Es un método gráfico de distribuir los componentes que integran un signo cualquiera, principalmente los lingüísticos en Semiótica, en los vértices de un triángulo equilátero. Lo crearon los semióticos Charles Kay Ogden e Ivor Armstrong Richards en su obra conjunta El Significado del Significado *"The Meaning of Meaning"* (1923). En sus vértices se sitúan el *significante*, o forma sensible y meramente percibida del signo lingüístico; el *significado* o concepto ideal y abstracto asociado a dicho significante y que puede serlo de forma natural, de forma convencional o por relaciones de semejanza, según sea indicador de indicio símbolo o icónico y, por último, el *referente* u objeto real del mundo al que se asocian tanto significado como significante. La relación es directa o continua entre significado y significante y entre significado y referente, y discontinua o indirecta las más veces entre significante y referente.

El Triángulo de Ogden y Richards es flexible, puede transformarse en un segmento cuando pierde alguno de sus tres elementos, por ejemplo, el significado en el caso de algunos nombres propios o los pronombres, que no tienen significado fijo, o puede transformarse en rombo y otros polígonos mediante fenómenos como la *polisemia* que añaden más significados y referentes a un solo significante, la *sinonimia* que añade un significante más al menos a un solo significado y referente, y la *homonimia* donde un solo significante posee al menos dos significados y dos referentes, o más.

Esta teoría del significado del signo lingüístico es esquematizada habitualmente mediante un diagrama triangular como se observa en la siguiente gráfica.

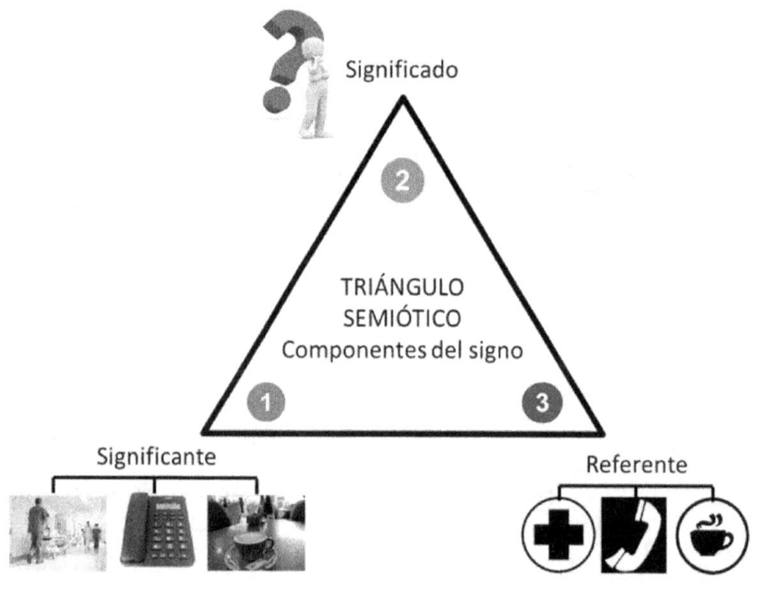

En el triángulo semiótico se distinguen los tres elementos que componen el signo:

1. **Significante**. El objeto perceptible por los sentidos, la forma acústica, visual, táctil, gustativa y olfativa del signo.

2. **Significado**. El concepto, pero también es una función que hace del objeto perceptible a un signo.

3. **Referente**. El objeto representado por el signo. Mediante la función referencial todo significante se halla relacionado al menos con un referente.

Comunicación no verbal y la semiótica cultural

Las primeras comunidades minoritarias de grupos de neandertales, carentes de comunicación escrita, trasmitían sus pensamientos y emociones mediante la comunicación no verbal, en uso de gestos y señas no verbales. Dado el hecho que el ochenta por ciento (80%) de la comunicación con la que interactuamos diariamente es comunicación no verbal, comentaremos un poco de la semiótica cultural, donde su fuerza está en los sistemas de significación creados por una cultura, la costumbre y la geografía, más que por la lengua.

En la contemporaneidad, como afirma Virginia Vaz Orta *"el hablante tiende a pensar que si entiende el mensaje oral, será capaz de comprender el proceso comunicativo en su totalidad. Sin embargo, cuando el acto comunicativo está anexo a rasgos culturales propios de una determinada sociedad, los hablantes se enfrentan a un proceso de descodificación no verbal diferente. Esto significa que, a cada cultura le corresponden diferentes costumbres y diferentes gestos no universales que el interlocutor debe descifrar correctamente para alcanzar así un entendimiento mutuo. Una descodificación errónea por parte de los interlocutores, les provocará lagunas de desconcierto e inseguridad".* Continúa Orta afirmando cuando se refiere a la comunicación no verbal, que son muchos los gestos que podemos traducir erróneamente si no se conoce el código cultural de nuestro interlocutor. Un ejemplo de ello es el gesto usado en India para decir *sí*, ladean la cabeza de izquierda a derecha al mismo tiempo que hacen una mueca de duda; Un español interpretaría este gesto como un *quizás* en la cultura occidental, es decir, como una postura de indecisión entre el sí y el no. Una descodificación errónea como esta en un hospital o en un juicio puede llegar a crear problemas decorosos y cruciales en determinadas situaciones.

Orta en su obra *"La Comunicación no Verbal en la Península Ibérica"*, indica que la expresión comunicación no verbal hace referencia a la forma de comunicación humana mediante signos no lingüísticos, por tanto, el sistema de signos culturales. Pudiéramos señalar entonces, como sistemas de comunicación no verbal, el quinésico, el paralingüístico, el diacrítico, el proxémico y el cronémico.

Sistema Kinésico; Estudia signos que expresan movimientos, como posturas, actitudes y microexpresiones faciales, gestos presentes y ausentes.

Sistema Paralingüístico; Examina tono, volumen y velocidad del habla, pausas rellenas y no rellenas, cambios en los tonos del hablante que implican carga emocional, como el enojo y la tristeza, es decir, entonación.

Sistema Diacrítico; Hurga símbolos, colores de la ropa, tatuajes, objetos en un hogar o empresa, que dice sobre cultura y pasiones, incluyendo la objetofilia, la inclinación a los objetos o cosas inanimadas.

Sistema Proxémico; Plantea distancia física de los espacios o grado de proximidad entre personas, como por ejemplo, en una empresa el tamaño de las oficinas, el lugar de la recepción, nos dan una idea de política organizacional o cuando una persona habla con otra y apunta con un pie hacia otro lado indicándonos deseo de irse, la ubicación de la silla de cabecera que evidencia alguien con jerarquía.

Sistema Cronémico; Examina el empleo del tiempo, como por ejemplo, cuando nos hacen esperar en una entrevista de trabajo o si el jefe es el último en llegar a las reuniones, que apunta a una forma indirecta de comunicar. El tiempo y el uso que hacemos de él, son formas de asignar un significado.

Psicología del color y la semiótica cultural

Si bien la influencia y significado de los colores varían de acuerdo a la cultura y la geografía donde son utilizados e interpretados, y considerando que siendo el color un signo de la semiótica lingüística y cultural que ejerce un marcado impacto en la manera con que lo interpretamos y lo asociamos a nuestra gama y cartelera de emociones y sentimiento, estimé prudente hacer un espacio para manejar algunas consideraciones.

En un estudio se consultó dos mil personas de todas las profesiones en Alemania. Se les preguntó cuál era su color preferido, cuál era el que menos les gustaba, qué impresiones podía causarles cada color y qué colores asociaban normalmente a los distintos sentimientos. Se establecieron asociaciones en ciento sesenta sentimientos e impresiones distintos, del amor al odio, del optimismo a la tristeza, de la elegancia a la fealdad, de lo moderno a lo anticuado, con determinados colores. Se determinó que colores y sentimientos no se combinan de manera accidental, que sus asociaciones no son cuestiones de gusto, sino experiencias universales profundamente enraizadas desde la infancia en nuestro lenguaje y nuestro pensamiento. Uno de los aspectos de este estudio es que no todos los colores tienen la misma jerarquía en cuanto al nivel de estimulación o emoción en el cerebro. El grupo de neuronas que se encarga de procesar el color rojo es mucho mayor que el de otros colores, seguido por el verde, el azul y el amarillo, por ejemplo, en el mundo occidental suele usarse las tonalidades de rojo para el amor, la seducción y la fortaleza y se ve a grandes distancias, en el día y la noche, utilizados por marcas comerciales como *KFC, Coca-Cola* o *Nestlé*, pero en algunos países africanos, el rojo es el color de la muerte y en algunas comunidades del borde entre Rusia y China, el rojo es usado en las bodas. El neurocientífico, artista y profesor norteamericano Bevil Conway confirmó que a nivel neuronal el color rojo tiende a capturar nuestra atención con mayor facilidad que otros colores.

En Europa Central, el morado suele asociarse a la realeza, mientras que, en algunos países asiáticos, este es el color del duelo o la tristeza. El color más usado en el mundo de los logos es el azul debido a las emociones que transmite, como la confianza, el modernismo o tecnología y la seguridad, por eso lo vemos en redes sociales como Twitter o Facebook, también lo asociamos a la frescura, la tranquilidad, la seriedad o la inteligencia, utilizado en empresas que quieren transmitir madurez y sabiduría. El negro, asociado con el glamour, la elegancia o el poder, utilizado por muchas marcas de lujo del sector automovilístico y la costura. El amarillo simboliza alegría, felicidad, energía, simpatía y comida, aunque en exceso su efecto es perturbador e inquietante y es muy usado por el sector del ocio, de niños. El verde, inspira esperanza, armonía, estabilidad o salud, tiene un efecto calmante sobre la mente humana y simboliza esperanza, usado en farmacias, marcas ecológicas.

Pensamiento

El pensamiento es la dinámica entre la psicofisiología de la plasticidad neurológica, la semiótica del lenguaje y la semiótica cultural. Es un proceso mental de la razón, que nos permite establecer conexiones entre ideas o representaciones, mediante conceptos relacionados entre sí, creando deducciones lógicas con el fin de ahorrar energía cognitiva.

El pensamiento es la proyección y asociación racional o consciente de los códigos semióticos almacenados en nuestro AND inconsciente, mediante el aprendizaje y la memoria psicológica, modificable por la experiencia, que ocurre por la gestión y procesamiento del hipotálamo, que puede dar inicio a la expresión del lenguaje a voluntad del individuo con la activación de las lenguas vocal o gestual.

Pensamiento lateral y divergente

El Pensamiento Lateral fue acuñado por Edward de Bono en 1967, para diferenciarlo del pensamiento lógico, que llamó *Pensamiento Vertical*. El pensamiento lógico es convencional, racional, vertical, es fundamentalmente hipotético y deductivo, mientras que el pensamiento *lateral* actúa liberando la mente de las viejas ideas y estimulando las nuevas y lo hace mediante la astucia, la creatividad y el ingenio y tiene como objetivo principal la disgregación de los conceptos establecidos, para que pueda producirse su reestructuración automática. Guilford en 1951 clasificó el pensamiento en Convergente y Divergente. El pensamiento *convergente* es lógico, busca una respuesta convencional y encuentra una única solución a los problemas conocidos. El pensamiento *divergente* se mueve en varias direcciones en busca de la mejor solución para resolver problemas sin patrones de resolución establecidos.

Pensamiento holístico

El Pensamiento Holístico es descrito en 1927 por el agrónomo, militar y mariscal de campo Jan Smuts en su libro *"Holism and Evolution"*. Habla sobre la tendencia de la naturaleza a crear conjuntos mediante la agrupación de muchas unidades. Es un pensamiento que percibe las cosas en su conjunto y no analiza sus partes. Ve el bosque más que los árboles. El trabajo en equipo es un concepto holístico, como por ejemplo el director de orquesta que tiene la responsabilidad sobre el *todo*, pero donde cada uno de sus músicos ejecuta la parte de la partitura que le corresponde. El compositor musical le ocurre la misma suerte, requiere de la memoria de los diversos sonidos instrumentales para armar su composición.

Inteligencias múltiples de Howard Gardner

Esta es un tipo de inteligencia holística. Le corresponde su denominación al psicólogo estadounidense Howard Gardner en su Teoría de las Inteligencias Múltiples publicada en 1983, lo que le mereció los premios de *Grawemeyer de la Universidad de Lousville* en 1990 y el de *Príncipe de Asturias de Ciencias Sociales* en 2011. Sus investigaciones se centraron en el análisis de las capacidades cognitivas en menores y adultos, y su obra criticará la idea de la existencia de una sola inteligencia a través de las pruebas psicométricas o tests. Su teoría afirma que cada persona tiene múltiples inteligencias o habilidades cognoscitivas, que trabajan juntas, pero como entidades semiautónomas, es decir, asociadas, donde se desarrollan unas más que otras.

Estas inteligencias son: 1) **la Inteligencia lingüística**; Donde niños y niñas expresan facilidad para escribir, leer, contar cuentos o hacer crucigramas. 2) **la Inteligencia Lógico matemática**; Donde los menores demuestran interés en patrones de medida, categorías y relaciones, en la facilidad para la resolución de problemas aritméticos, juegos de estrategia y experimentos. 3) **la Inteligencia Visual y Espacial**; Donde niños y niñas piensan en imágenes y dibujos, tienen facilidad para resolver rompecabezas y dedican el tiempo libre a dibujar, prefiriendo juegos constructivos. 4) **la Inteligencia Musical**; Donde los menores lo manifiestan frecuentemente con canciones, identificando con facilidad los sonidos. 5) **la Inteligencia Corporal Cinestésica**; Donde los menores tienen una marcada capacidad para realizar actividades que requieren fuerza, rapidez, flexibilidad, coordinación óculo manual y equilibrio. 6) **la Inteligencia Naturalista**; Donde el entendimiento del entorno natural y la observación científica de la naturaleza como la biología, geología o astronomía, permite que niños y niñas piensan instintivamente, tienden a dejarse llevar, observar y construir con materiales de la natura. Luego le siguen otras inteligencias que muy bien estarían enmarcadas dentro de la inteligencia naturalista, como 7) **la Inteligencia Intrapersonal** *"dentro de la persona"*, relacionada con la capacidad de conocerse a sí mismo, sus reacciones, emociones y vida interior, en la que abundan filósofos, psicólogos y escritores; 8) **la Inteligencia Interpersonal o social** *"entre personas"*, relacionada con liderazgo en grupos, con la interactuación con otras personas de forma amena, con amplio vinculo de amistades por el entendimiento para comunicarse con otros apropiadamente, en la que abundan profesores, políticos y actores, 9) **la Inteligencia Existencial**, relacionada con la búsqueda del porqué de la muerte, la vida, el destino, la psicología humana, el infinito conocimiento y los valores morales, haciendo de esta inteligencia una de las más amplias de definir, y finalmente, 10) **la Inteligencia Creativa** (relacionada con la capacidad para adaptarse a un trabajo, estar un paso delante de las demás personas, mejorar el rendimiento y la eficiencia dentro de un entorno promoviendo ideas y aplicando conocimientos prácticos, permite fabricar respuestas poco habituales o novedosos), y finalmente 11) **la Inteligencia Colaborativa u Organizacional**, relacionada con la capacidad de desarrollar cualquier clase de trabajo o de llegar a una meta trabajando de forma colectiva, en el trabajo de equipo y engloba diversas inteligencias emocionales.

Inteligencia emocional

Definida por primera vez por los psicólogos estadounidenses Peter Salovey y John Mayer en 1990, popularizado por Goleman con su bestseller *"Inteligencia Emocional"* en 1995. La inteligencia emocional comprende tanto la inteligencia intrapersonal (desde adentro) como la inteligencia interpersonal (entre personas) y ambas le estructuran cinco elementos: La autoconciencia emocional, el autocontrol emocional, la automotivación, la empatía y las habilidades sociales.

La Autoconciencia Emocional; Comporta una constante vigilancia o alerta del sujeto en los acontecimientos de su medio ambiente, pero para ello el individuo no solo debe poseer condiciones genéticas adquiridas y además tener conocimiento intrínseco de su existencia, de su porqué y ahora, es decir, conocerse a sí mismo y no creer que se conozca, lo que dificulta su dinámica.

El Autocontrol Emocional; Es el conocimiento de las habilidades sociales básicas y en especial las complejas, que hacen posible asumir el control consciente y racional de nuestras emociones y no ser presa de ellas, lo cual requiere obligatoriamente el dominio de la conciencia emocional, siendo su herramienta más importante la asertividad emocional, que es la administración y defensa de nuestros derechos sin que nos perturbemos internamente.

La Automotivación; Requiere un dominio de la conciencia emocional, porque requiere que el sujeto conozca sus fortalezas y debilidades y en base a ese conocimiento, establezca sus propias estrategias conductuales para desarrollar sus metas u objetivos. Pudiéramos decir que la automotivación es el poder del individuo de conseguir en sus pensamientos el poder para superar sus adversidades sin estímulo o ayuda externa.

La Empatía; Es esa identificación o necesidad que experimentamos ante el dolor ajeno, pero que está indefectiblemente asociada a nuestra formación dendrítica del árbol neurológico, por consiguiente, la ejecución empática está asociada a nuestra conformación biológica y cualquier anomalía en su funcionamiento crea una deficiencia empática y con ello una ausencia en la identificación del sufrimiento humano, creando frialdad emocional sin la calidez necesaria para colocarnos en el lugar del otro sujeto en las interacciones humanas cotidianas, para lo cual se requerirá tratamiento farmacológico para superar en cierta medida la deficiencia orgánica.

Las Habilidades Sociales; son herramientas técnicas que, puesta en práctica, otorga la capacidad de manejar asertivamente y de modo adecuado nuestras relaciones sociales, con un mínimo de conflictos, para lo cual, muchos la adquieren de manera natural en su genética temperamental o mediante el conocimiento de sus elementos constitutivos. Sin el manejo correcto de las habilidades sociales complejas se hace insostenible el control de nuestras emociones.

"Ni olvidar, ni utilizar: el único medio de salir adelante es comprendiendo."

"La vida es una locura, ¿No es cierto? Por eso es apasionante. Imaginen que somos personas equilibradas con una vida apacible, no habría ni suceso, ni crisis, ni trauma que superar, únicamente rutina, nada que recordar; ni siquiera seríamos capaces de descubrir quiénes somos. Si no hay sucesos no hay historia, no hay identidad. Los seres humanos son apasionantes porque su vida es una locura."

Boris Cyrulnik

CAPÍTULO 5

LOS RUIDOS DE LAS HABILIDADES QUE RELACIONAN

Habilidades sociales

Aunque dificultosa la conciliación sobre una opinión homogénea sobre las habilidades sociales, es tendencia configurar que se trata del conjunto de capacidades y destrezas interpersonales que nos permiten relacionarnos con otras personas de forma adecuada, siendo capaces de expresar nuestros sentimientos, opiniones, deseos o necesidades en diferentes contextos o situaciones, sin experimentar tensión, ansiedad u otras emociones negativas. Las habilidades sociales son hábitos de comportamientos, pensamientos y emociones, que permiten mejorar nuestras relaciones con los demás, sentirnos bien, obtener lo que queremos y conseguir que nuestros objetivos, sin que medie la manipulación, de modo que, las habilidades sociales encierran una valoración de sí mismo, que va de la mano con la autoestima o el autoconcepto.

Tipos de habilidades sociales

Es usual que suela dividirse las habilidades sociales en dos grupos, uno que describe las destrezas comunicacionales básicas, sencillas y otro, más complejo, que determina las actitudes o conductas del quehacer cotidiano que profundiza las relaciones de convivencia. *Las habilidades sociales básicas*; Aquellas enmarcadas en la sencillez de la comunidad del trato, como iniciar una conversación, formular una pregunta, dar las gracias, presentarse y presentar a otras personas, hacer cumplidos y otras similares, en la que no llegamos a intimar en la comunicación. *Las habilidades sociales avanzadas o complejas*; Requieren de elaborados procesos cognitivos que tienen su firmeza más en el genotipo del innato y biológico temperamento, que, en el nato y moldeable carácter, como la *empatía*, que no es más que ponerse en el lugar de la otra persona, animándolo, consolándolo. La *inteligencia emocional*, que nos permite transmitir sentimientos y emociones adecuadamente de una manera positiva, asertiva, cordial, definiendo los problemas y evaluando las soluciones sin enredos y considerando las emociones ajenas. La *asertividad*, que nos hace ser claros, francos, directos, diciendo lo que se quiere sin herir emocionalmente a los demás, ni menospreciar la valía de otros. La *negociación*, esa comunicación dirigida a la búsqueda de soluciones satisfactorias para todas las partes, siendo consciente de los errores cometidos y admitiéndolos mediante disculpas, dando instrucciones con precisión y moderación en las emocionales, siguiendo instrucciones con beneplácito, afrontando críticas y pidiendo ayuda ante la dificultad. La *modulación de la voz y la expresión emocional*, adecuando el timbre y la entonación del habla, transmitiendo serenidad y agrado, así como expresiones faciales y corporales que emanen reciprocidad en la comunicación. *El reconocimiento y defensa de los derechos propios y de los demás*, expresando lo que se desea ante los demás sin incomodarse o agredir afectivamente a quienes nos dirigimos.

Resiliencia

Del latín *resilio* que significa *volver atrás*, término que nace en la física de los metales, como capacidad de ser doblados y regresar luego a su posición original sin quebrarse y sin quedarse doblados, hace que la resiliencia psicológica sea la actitud positiva desafiante de la adversidad. Por analogía el término lo acuñó para las ciencias sociales el psiquiatra Michael Rutter en 1972, pero fue el psiquiatra, neurólogo, psicoanalista y etólogo Boris Cyrulnik, quien difundió masivamente el concepto de resiliencia en el campo de la psicología en su bestseller *"Los patitos feos"*.

Resiliencia es la capacidad que tenemos de doblarnos y resistir ante una catástrofe, una crisis o situaciones potencialmente traumáticas sin rompernos la voluntad de sobreponernos y regresar lo más cercano a la situación original, antes de que viviéramos la experiencia dolorosa, consiguiendo manejar emocionalmente el presente bajo una atenuación del trastorno que hirió la psiquis de nuestro ser. A la resiliencia le estructura dos elementos indispensables, una *autoestima alta* con la que sales fortalecido y la *empatía* que te permite utilizar la experiencia de tu duelo psicológico para ayudar a otros ante situaciones parecidas. Sin ambos escudos no habrá resiliencia.

Los primeros estudios sobre la resiliencia se centraron en personas que habían vivido situaciones traumáticas extrema, como campos de concentración, niños de la calle y mujeres maltratadas. La psicóloga Emmy Werner en sus 32 años de investigación de la psicóloga y los trabajos de Boris Cyrulnik sobre resiliencia, concluyeron que todas las personas que fueron capaces de salir y transformarse positivamente ante condiciones dolorosamente adversas, tuvieron un elemento común y es que contaron con al menos una persona, familiar o no, que los había aceptado tal y como eran de manera incondicional, independientemente de su temperamento, de su aspecto físico o de su pasado.

Resiliencia no significa invulnerabilidad, no sufrir, sino que por el contrario significa recuperarse de situaciones altamente difíciles y estresantes, imponiéndose con emociones sanas y estables. Un resiliente no es un soldado es un conciliador de la adversidad.

**Ley de reciprocidad emocional
o ley de las oportunidades**

La *ley de reciprocidad emocional*, tiene su asiento en la fisiología del cerebro, por ser un patrón de retribución y recompensa afectiva frente una conducta que te acarrea bienestar emocional, es por ello que es una ley de atracción, que te devuelve ante los demás la emoción que emites, porque constituye un factor dinámico de la asertividad emocional como habilidad social, donde cada vez que dices algo que hace que la gente se sienta mejor consigo mismo, se genera una profunda necesidad inconsciente de corresponderte y se logra con amabilidad, empatía, confianza y solidaridad, bajo la premisa de la economía emocional que establece *"si haces algo bueno por mí, yo haré algo bueno por ti, es decir, me siento obligado a corresponderte"*. Es por ello que la ley de reciprocidad emocional crea oportunidades propicias para instaurar relaciones humanas armoniosas que fomenta en tu semejante la predisposición a ayudarte, razón por la que también se le llama *ley de las oportunidades*.

Elementos de la ley de reciprocidad emocional

La reciprocidad emocional como habilidad asertiva e inteligencia emocional, viene a determinar un catálogo actitudinal que nutre las relaciones interpersonales, mediante cuatro elementos característicos que son *la alternación financiera, el método socrático, el uso de la palabra justo* y *la negociación clara*.

1) *Alternación financiera*; Está orientada a hacer algo físico para alguien, como por ejemplo, cuando el vecino te presta una herramienta para reparar tu vehículo, luego en agradecimiento le ayudas a cortar el césped, involucrándose un sentimiento de compromiso

por el favor realizado, lo que produce una profunda necesidad psicológica de resarcir al otro la emoción de agrado y recompensa, haciendo algo bueno a cambio. Pero ten cuidado, porque también funciona a lo negativo, si por el contrario, haces algo que perjudique al otro, se albergará en él la necesidad de retribuir el daño, es decir, de vengarse.

2) *Método socrático*; Es hacer preguntas que haga sentir al otro tu interés hacia él, permitiendo disponer más tiempo para escucharlo con atención, lo que despertará agrado hacia ti y la persona será más accesible a dejarse influenciar.

3) *Uso de la palabra "Justo"*; Frase que otorga una fuerte carga emocional, que da apalancamiento durante una negociación, porque esta palabra acondiciona a favor de quien la esgrime dada la semiótica de su valor y significado, como por ejemplo *"Esa no es una interpretación justa"*, *"La gerencia no es justa con el pago"*.

4) *Negociación Clara*; útil para los desacuerdos, donde lo que tienes que hacer es espera el momento oportuno que minimice la tensión emocional y posteriormente, cuando la calma haga plaza, vuelve a retomar las divergencias en tono moderado y afable.

Es claro que estos elementos constituyen en sí, herramientas de habilidades sociales complejas, que fomentan la asertividad emocional, inspira confianza y atina un ambiente ideal para interactuar en condiciones de actitud positiva.

Teoría de los seis grados de separación

Dado que, somos promotores interpersonales de habilidades sociales, es decir, somos prosumidores inevitablemente interconectados, la teoría de los seis grados viene a ser el quinto elementos de la ley de reciprocidad emocional, que nos une a todos universalmente. Esta teoría que nace en el campo de la estadística, utilizada eficazmente por toda la red social, fue propuesta en 1930 por el escritor húngaro Frigyes Karinthy en un cuento llamado *"Chains"*. Esta teoría sostiene que estamos conectados a cualquier persona del planeta a través de una cadena de conocidos que no tiene más de cinco intermediarios, conectando a ambas personas con sólo seis enlaces, donde el número de conocidos crece exponencialmente con el número de enlaces en la cadena.

En 1967 el psicólogo estadounidense Stanley Milgram ideó una nueva manera de probar la teoría, que denominó *"el problema del pequeño mundo"* y sus descubrimientos fueron publicados en *"Psychology Today"* que inspiraron la frase *"seis grados de separación"*. En 1990 el dramaturgo John Guare popularizó la frase cuando la escogió como título de su obra. En 2011 la empresa Facebook realizó un estudio denominado *"Anatomy of Facebook"*, con todos los usuarios activos de su página en ese momento y se analizó el conjunto de amigos en común, para sacar el promedio de cuántos eslabones hay entre un usuario y otro cualquiera. El resultado mostró que el 99,6% de pares de usuarios estuvieron conectados por 5 grados de separación. Esta es la prueba más cercana de la teoría a la fecha de hoy y da un resultado aproximado de 4,75 eslabones.

¿Cómo funciona la teoría?, los seis grados indican que cada persona está conectada entre amigos, familiares y compañeros de trabajo o escuela, a unas cien personas. Si cada uno de esos amigos o conocidos cercanos se relaciona con otras 100 personas, cualquier individuo puede pasar un recado a 10.000 personas más tan sólo pidiendo a sus amigos que pasen el mensaje a sus amigos. Estos 10.000 individuos serían contactos de segundo nivel, que un individuo no conoce pero que puede conocer fácilmente pidiendo a sus amigos y familiares que se los presenten, y a los que se suele recurrir para ocupar un puesto de trabajo o realizar una compra. Si esos 10.000 conocen a otros 100, la red ya se ampliaría a 1.000.000 de personas conectadas en un tercer nivel, a 100.000.000 en un cuarto nivel, a 10.000.000.000 en un quinto nivel y a 1.000.000.000.000 en un sexto nivel. En seis pasos, y con las tecnologías disponibles, se podría enviar un mensaje a cualquier individuo del planeta.

Negligencia emocional

La negligencia emocional es la creación o estimulación de daño afectivo a otro por el manejo inadecuado de nuestras emociones. Ese negligente y disfuncional actuar proviene de paradigmas negativos que heredamos casi de manera folklórica y empírica de la cultura en la que crecemos, sin que nos sea enseñado los procesos mentales que desarrollan las emociones y sentimientos de nuestra naturaleza humana. Negligencia emocional es vivir en el azar de las emociones sin conocer su dinámica y sus límites, que hace de nuestra vida un peregrinaje de sacrificios emocionales y no el estadio de plenitud de relaciones satisfactorias.

Felicidad

Es la famosa doncella que tanto anhelamos poseer y de la que conocer aun cuando no sepamos su significado, por temor a ser etiquetados socialmente aún por nuestros seres más cercanos, dentro del mito de que no ser feliz, es señal de debilidad, de ser una persona problemática o incluso poca atractiva sexualmente.

La psicología Sonia Lubomirski (Sonja Lyubomirsky) cuyo nombre en ruso significa *amor y paz*, autora de los bestsellers *"La Ciencia de la Felicidad"* y *"Los Mitos de la Felicidad"*, condujo doscientos veinticinco estudios para determinar que la gente feliz es más productiva y creativa, obtiene mejores trabajos y sueldos, son mejores líderes y negociadores, son más exitosos en sus matrimonios y populares con sus amistades, tienen mejores sistemas inmunes, viven más, sufren menos accidentes, resisten mejor los traumas y el estrés, y tienden a ayudar más a otros y ser más filántropos. Lyubomirsky nos señala tres áreas de la realidad humana que predicen la felicidad: *Los genes, las circunstancias y la actividad deliberada*. Los *genes* marcan la línea base o valor de referencia de la felicidad de una persona, predice hasta un 50% de la felicidad de la persona, pero su potencialidad va a depender del estado de las otras dos áreas, como las *circunstancias* de vida como por ejemplo, el estado civil, el nivel socioeconómico, la experiencia de problemas o experiencias traumáticas, sin embargo los datos de sus estudios señalan que las circunstancias vitales sólo determinan un 10% de nuestra felicidad y finalmente, la última área que es la *actividad deliberada*, que sería el 40% restante de nuestra felicidad y lo que le da sentido a nuestra vida, que son nuestros actos deliberados, lo que decidimos hacer con nuestro tiempo.

Lyubomirsky invita a vivir fuera de los mitos del materialismo y la belleza física, que han sido sobrevaloradas por la sociedad, indicando que para ello, se debe realizar cinco cosas: 1) Generar emociones positivas, 2) elegir los momentos oportunos, 3) dar variedad a las actividades, 4) rodearnos de apoyo social, dedicar esfuerzo y compromiso, y 5) hacer que las actividades se conviertan en un hábito.

Infelicidad

En alegoría a la posición de los psicólogos Sonia Lubomirski y Richard Bentall, pudiera decirse que la infelicidad es el sentimiento que experimentamos de insatisfacción prolongada cuando de un gran número de experiencias su mayoría no ha sido grata o satisfactoria.

Escuela del positivismo

La Psicología Positiva nació en 1998 de mano de Seligman con la idea de mejorar la vida de las personas, no enfocarse en sus enfermedades sino en sus potencialidades, en la alegría, la felicidad, el optimismo, el amor, de donde nace la Resiliencia.

La psicóloga social Bárbara Fredrickson Lee creadora de la *Teoría Abierta y Construida de las Emociones Positivas "Broaden and Build Theory of Positive Emotions"*; autora de los libros Positividad (2009) y Amor 2.0 (2013), indica que una relación de positividad es un logaritmo de 3x1, quiere decir, que del bagaje de nuestras experiencias si sentimos que 3 son positivas y 1 es negativa, decimos que somos felices. Sostiene que a medida que experimentamos emociones positivas los recursos personales se incrementan y amplían los repertorios de pensamiento y de acción y con ello, nuestros recursos físicos, intelectuales, psicológicos y sociales, para usarlos en futuros momentos de crisis.

Estrés y tipología

El estrés es un proceso natural del cuerpo humano que genera una respuesta automática ante condiciones externas que resultan amenazadoras o desafiantes, que requieren una movilización de recursos físicos, mentales y conductuales para hacerles frente. Cierta cantidad de estrés es necesaria para que el organismo responda adecuadamente a los retos y los cambios de la vida diaria, conociéndose como el estrés positivo.

Existen diferentes tipos de estrés, como *el estrés agudo, el estrés episódico y el estrés crónico*. *El estrés agudo*; Es estimulante pero muy agotador que no perdura en el tiempo, como por ejemplo, una serie de entrevistas de trabajo en un día. *El estrés episódico*; Donde el afectado reacciona de forma descontrolada, irritable e incapaz de organizar su vida. *El estrés crónico*; El que nunca ve una salida a una situación deprimente y abandona la búsqueda de soluciones, que mata a través del suicidio, la violencia, el ataque al corazón e incluso estimula el cáncer, es decir, las personas se desgastan hasta llegar a una crisis nerviosa final y fatal.

El miedo y su tipología

El miedo es una emoción básica que tenemos desde que nacemos y su objetivo es simple, mantenernos vivos y fuera de peligro. El miedo activa en nuestro cuerpo distintas reacciones como el aumento de presión arterial y la glucosa en sangre, así como presencia de adrenalina, tensión muscular, dilatación de las pupilas, manos sudorosas, mente bloqueada, pérdida de fuerza en piernas y brazos, entre otras, en fin, algunas veces el temor pasa al pánico y nos deja paralizados.

El miedo es de dos tipos, el miedo racional y el miedo irracional. *El miedo racional*; El más importante, porque cumple la función de protegernos del peligro y asegurar nuestra supervivencia, permitiendo frenarnos a hacer acciones que no son posibles y podrían lastimarnos o incluso llevarnos a la fatalidad, evitando que hagamos cosas imposibles, como saltar de un edificio. *El miedo irracional*; El que nos impide hacer cosas que están dentro de nuestro alcance, que físicamente son posibles para nosotros, es decir, es un *miedo irreal*.

La culpa y su tipología

La culpa no es una emoción sino un sentimiento que se genta en los lazos de las relaciones humanas, es la valoración que hace la percepción de nuestra mente en base a la experiencia, basada en las expectativas internas del *"yo o ego"*, sobre una conducta *"de hacer"* o *"no hacer"*, que nos acarrea tristeza y a partir de ella, sentimientos de amargura, rabia, impotencia y conforme a la teoría del apego, nos mantiene unidos en negativo a la persona que culpamos. La culpa persigue el sentimiento del perdón o del autoperdón, por lo que, pudiera decirse que *culpa* y *perdón* están emparentados. La culpa puede ocurrir por alteraciones psicopatológicas como la distimia o por defecto, asociada con elevados niveles de perfeccionismo, es decir, a consecuencia de un trastorno de la personalidad, para los cuales se requiere ayuda profesional especializada.

Existen dos tipos de culpa; La culpabilidad sana y la culpabilidad mórbida. *La culpabilidad sana o manifiesta*; Es aquella que aparece como consecuencia de un perjuicio real que le hemos causado a alguien, que nos permite respetar las normas y no perjudicar a los demás, concediéndonos frenos inhibitorios. *La culpabilidad mórbida*; Es aquella evaluación subjetiva de un evento desde nuestra percepción y no desde su realidad fáctica y objetiva, es decir, sobre una falta inexistente. Este tipo de culpabilidad es destructiva que no nos permite adaptarnos al medio.

La tristeza normal

La tristeza como toda emoción básica cumple una función necesaria, reduce la actividad, a la vez que disminuye la atención en el mundo externo para focalizarla en el mundo interno, que favorece el autoexamen, la reflexión y el análisis, necesario tras una pérdida o fracaso. Facilita la restauración de energía después de épocas de mucho desgaste y nos procura la ayuda de los demás, ya que despierta la atención de los otros mediante la comunicación kinésica y el apaciguamiento de las reacciones de agresión, que se reducen al ver a la persona triste. El psiquiatra Paul Keedwell, afirma que la depresión puede salvarnos de los efectos del estrés de larga data, nos evita permanecer en un estado de estrés crónico hasta quedar exhausto o morir, es una forma de comunicación, que al actuar con ella decimos a los otros miembros de la comunidad que necesitamos apoyo. La tristeza podría discriminarse en tristeza normal y tristeza clínica o depresión severa o crónica, antes explicadas.

Duelo psicológico

El duelo tiene su origen en el latín *duellum* que significa *combate o guerra*. Es un proceso de reacción natural y necesaria, que se gesta en la química del cerebro, mediante los procesos de la mente, ante la separación y pérdida física o afectiva de una persona, objeto o circunstancia, lo que lo convierte en un impermeable natural de defensa del cuerpo y de la mente para recuperarse del sufrimiento por el apego. El duelo puede darse por ejemplo por la muerte de un familiar, un amigo, una mascota, e incluso por la pérdida de un dinero, una casa, u otro objeto de gran valor emocional, o en su defecto, por un divorcio, un trabajo o el estatus quo.

El duelo psicológico es un protector psicofisiológico cuya misión es combatir el apego emocional causante de la tristeza, para que el individuo afectado regrese al equilibro emocional en la que se encontraba, antes de adquirir el sentimiento de sufrimiento. La red social es uno de los principales factores para la adecuada aceptación y afrontación del dolor por parte de quien lo padece y un ambiente familiar, amigable, facilitará el sentimiento de confianza para la expresión de sus sentimientos y pensamientos, que incidirá en el proceso de elaboración del duelo y en la posterior recuperación emocional. En tanto el individuo no acepte la perdida y haga conciencia de su tristeza, no completará el mecanismo del duelo para que éste finalmente le beneficie, es por ello que, esto dependerá de variadas condiciones ambientales y genotípicas, donde interviene el estilo de vida, el entorno social y familiar, el nivel intelectual, el temperamento o constitución de la personalidad de quien la padece, entre otros. El duelo es un periodo prudencial que ocurre con la tristeza normal, que sana, donde algunos requerirán más tiempo que otros para completar el proceso, pero que, en caso de intensificarse o agudizarse pudiera llegar a la tristeza clínica o depresión, la cual deberá tratarse por un experto, debido a la insuficiencia natural del duelo para manejar el sufrimiento.

CAPÍTULO 6

LOS RUIDOS DE LOS MUERTOS DE FAMILIA

INCONSCIENTE FAMILIAR TRANSGENERACIONAL

Genealogía de ego

Genealogía o historia familiar palabra que proviene del griego "genea" que significa raza, generación y "logia" que significa ciencia, estudio, es decir, el estudio de la generación. Es una de las ciencias auxiliares de la Historia, que estudia la ascendencia y descendencia de una persona o familia, en cuanto a datos de nombre, fecha, lugar de nacimiento, matrimonio y muerte. Quien se encarga de estudio es un genealogista.

La genealogía es la representación gráfica que enlista de manera ascendente y descendente, organizada y sistemática, en forma de árbol o tabla, conocido como árbol Genealógico, sabiduría de escalera o plano genealógico, los ancestros y descendientes de una persona o familia.

El árbol o línea genealógica de ego permite a humanos su vinculación genética y legal, que se diferencia de la genealogía de animales para mostrar su pedigrí, a una lengua o idioma representar su evolución; A un partido político, disciplina artística o un arte marcial seguir su trayectoria. La genealogía es historia que permite explicar eventos en el tiempo, facilitando al mismo tiempo a la sociología los argumentos de esos eventos.

La genealogía está edificada por líneas generacionales. Padres; que son mamá y papá, correspondiente a la *primera generación*. Abuelos; Padres de nuestros padres, correspondiente a la *segunda generación*. Bisabuelos o segundos abuelos; Padres de los abuelos, correspondiente a la *tercera generación*. Tatarabuelos o rebisabuelos; Padres de los bisabuelos, correspondiente a la *cuarta generación*. Cuadriabuelos o Choznos; Padres de los tatarabuelos, correspondientes a la *quinta generación*. Pentabuelos; Padres del tatarabuelo, correspondiente a la *sexta generación*. Hexabuelos; Padres de los pentabuelos, correspondiente a la *séptima generación*. Heptabuelos; Padres de los hexabuelos, correspondiente a la *octava generación*. Octabuelos; Padres de los heptabuelos, correspondiente a la *novena generación*. Eneabuelos o Nonabuelos; Padres de los heptabuelos, correspondiente a la *décima generación* y Decabuelos; Padres de los eneabuelos, correspondientes a la *undécima generación*. Más allá no hay ningún otro término, por lo que se generaliza a partir de la quinta generación como chozno.

Psicogenealogía

La psicogenealogía, es una disciplina relativamente novedosa, que asume seriedad junto con el crecimiento de la neurología y la psicofisiología neurológica. La psicogenealogía nace de la psicología empírica, esa que se desarrolló a partir de la observación clínica en pacientes con enfermedades terminales, cuyo control, análisis e indagación de los árboles genealógicos de dichos pacientes, permitieron identificar coincidencias entre tipos de enfermedades, órganos afectados y fechas de muertes entre las líneas generacionales de los pacientes en estudios, de las que se determinó las lealtades en las informaciones psicológicas que recibían los pacientes por parte de su clan o ancestros. Esas coincidencias empezaron a marcar patrones de apego genético. Entre sus investigadoras más sobresalientes se encuentra las francesas, psicóloga social Anne Ancelin Schützenberger, autora del Bestseller *"¡Ay, mis ancestros!"*, quien desarrolló el método del genosociograma o terapia transgeneracional psicogenealógica contextual clínica, y la psicóloga Elisabeth Horowitz, psicoterapeuta especializada en psicogenealogía y terapia breve, quien fundaría en el año de 2001 en el París, la Asociación Francesa de Psicogenealogía, autora de las obras *"Liberarse del Tiempo Genealógico"* y *"Los Actos Simbólicos"*, en éste último esgrime como método psicoterapéutico el empleo de símbolos y objetos cotidianos para que la psicofisiología del cerebro permita biodescodificar los mensajes de conductas grabadas en vida por los antepasados y reorientar y sustituirlos por nueva información tendiente a liberar el destino familiar y con ello de nuestros traumas más profundos.

La psicogenealogía parte de la premisa de que determinados episodios relevantes en los inconscientes se transmiten de generación en generación, por lo que para que un individuo tome consciencia de ellos y pueda desligarse de los mismos es necesario que urge en su árbol genealógico, porque sólo así, podrá entender los dramas ocultos que le han programado su psiquis.

La incidencia del contenido de esa información psicológica en las conductas de las personas sigue siendo inexacto, pero coincidentes con hechos concretos que vincula las biografías de los pacientes estudiados por psicólogos clínicos, con los eventos de los familiares ya desaparecidos, en las que existe repetición e identificación en fechas, profesiones, enfermedades, accidentes o muertes, en fin, en dramas de familias, que han sido ocultos por décadas, por razones de indignidad, prejuicios o vergüenza, y que han salido a la luz pública mediante la lealtad en los patrones de las enfermedades.

Sistemas psicogenealógicos

Son respuestas inconscientes que reproducimos a través de la memoria psicológica que heredamos de nuestros ancestros, adjudicándonos actitudes o sentimientos de un antepasado. Estas implicaciones son de dos tipos, la arogación y la compensación negativa.

La Arogación; Es cuando la persona se apropia del derecho o responsabilidad de otro, mediante: a) *La identificación*, que hace suyo el lugar de otro miembro de la familia. b) *La parentificación*, donde los más jóvenes toman el lugar de las generaciones anteriores. c) *La doble transferencia*, donde se entremezclan el sujeto y el objeto, es decir, una persona asume los sentimientos de un miembro que formó parte de la su familia y lo manifiesta hacia una persona ajena a su sangre, por ejemplo, la mujer que se enoja con su esposo, porque su abuela en vida vivió un episodio similar con su abuelo, quiere decir que se transfieren dos enojos en épocas distintas. d) *La reivindicación*, tiene que ver con la necesidad de hacer justicia por algo que sucedió con otro sujeto de la familia. e) *La exclusión*, donde una persona toma el derecho y el lugar de un miembro excluido por miedo a lo desconocido, eso es lo que hace llevar a los miembros de un clan a obedecer los mandatos del inconsciente familiar y permanecer fieles a él haciendo siempre lo mismo, representando roles similares, a veces insatisfactorios, sin saber por qué.

La Compensación Negativa; Ocurre cuando una persona inconscientemente pone su destino en el de algún antepasado, y lo hace mediante: a) *La expiación*, donde alguien se adjudica los problemas de otros y paga por ellos, por ejemplo, con alguna enfermedad, y mediante b) *la retribución*, donde la persona se desliga de una responsabilidad para obtener un beneficio, como una madre que abandona a su hijo con los abuelos para conseguir su libertad.

Fundamento teórico del incesto genealógico

El antropólogo, filósofo y etnólogo francés Claude Lévi Strauss, uno de los intelectuales más influyentes del siglo XX, autor de *"Las estructuras elementales del parentesco"* entre muchas otras publicaciones, pensaba que la alianza que se produce entre dos familias cuando un hombre entrega a su hermana, u otra mujer de su grupo, a cambio de otra mujer, es decir la mujer como *bien más preciado* en el intercambio, es la que sirve para fundar las alianzas, que fundan a la cultura y esto implica a la exogamia, como regla que prohíbe la relación matrimonial entre los miembros de un mismo grupo. Lévi Strauss es uno de los primeros que científicamente explica entonces la interdicción o prohibición universal del incesto, que no es otra cosa que, mantener relaciones sexuales de cualquier tipo con la familia o nacer de un tronco común.

En este punto, la psicogenealogía es supervivencia familiar que se consigue agregándole nuevos miembros, es decir, mediante la reproducción entre personas no vinculadas consanguíneamente. Teóricamente, después de la *décima quinta* generación se habrá procreado aproximadamente 16.384 miembros de familia, sin embargo, llegados a este punto es imposible que no se hayan producido en la familia uniones entre personas con algún vínculo de consanguinidad, lo que reduce el número real de individuos que componen esa generación. Es esa reducción, la que hace que el árbol genealógico en vez de expandirse, se retraiga mediante la consumación de los incestos. Entonces desde la psicogenealogía, es el incesto la causante de gran parte de sus síndromes.

Síndromes psicogenealógicos

Son ac(p)titudes y tendencias que se heredan del clan, de la familia, que se identifica mediante la coincidencia o repetición de fechas, nombres, nacimientos, muertes, accidentes, profesiones, oficios y lugares, asociados a nuestros ancestros o antepasados, como quedó dicho anteriormente. Son síntomas que experimenta el inconsciente de la persona por la influencia de ciertos episodios de algún antepasado, que le fue transmitido previamente en la gestación y grabados en el ADN, debido a su impacto emocional, que generalmente versa sobre algún evento dramático y doloroso que quedó inconcluso o terminó de manera fatal, no aceptado por quien lo vivió.

De ésta manera la memoria, como uno de los elementos de la mente, cargada con la información del drama de otrora, la traerá del inconsciente, mediante gustos, tendencias e impresiones, que nos crean la sensación de estar viviendo la identidad de otra persona, y no la identidad del *"yo o ego"* individual. Esa experiencia hará sentir a quien la padece, la sensación de estar viviendo en la época equivocada, el sentimiento de sentir más edad de la que tiene y en consecuencia presagiando senectud, percibiéndose conducido o guiado por alguien, aludiendo un sentimiento de intuición o de sexto sentido, añorando una época incluso sin conocerla, el embargo de un sentimiento de tristeza y melancolía infundada o el sentimiento de estancamiento a pesar de los esfuerzos realizados, es decir, advertimos la influencia de nuestra estirpe ancestral en nuestro presente conductual. Entonces a partir esa trama de conexión inexplicable a la razón y sin respuestas, empieza la lealtad genética.

Esa lealtad genética es el llamado inconsciente de los códigos de información de nuestros ancestros almacenados en nuestro ADN, para purgar y reparar el drama, el dolor inconcluso y oculto en el pasado familiar. No se trata de un espíritu, ni de un alma, ni de un fantasma y en oposición a algunos autores que han de llamarlo psicomagia, lo que ocurre es que, esa información codificada y almacenada, con el curso de la vida mediante episodios y circunstancias, son gestionados por el hipotálamo de nuestro cerebro, creando reflejo neuronal desde el soma y que algunos llaman *déjà vu*.

Para la psicogenealogía, estos síntomas se presentan mediante ocho síndromes a saber. 1) *El síndrome aniversario;* Señalado por Josephine Hilgard, que ocurre cuando una persona de una misma familia le suceden cosas similares a la de un pariente muerto, como divorcios, accidentes, enfermedades, cambios de residencias o la muerte. 2) *El síndrome fiestamanía;* Término transgeneracional, que se refiere a la irremediable gana de tener relaciones sexuales después de la muerte de un pariente, donde el inconsciente persigue remediar la pérdida del pariente muerto, mediante un código biológico de restauración que tiende a transformar muerte por vida. 3) *El Síndrome del reemplazo yacente horizontal o de reemplazo yacente vertical;* Cuando la persona porta en su inconsciente una información pesada que lastra su vida, memorias traumáticas de muertes inesperadas e injustificables para la generación del clan que lo vivió, como pérdidas que no fueron admitidas y duelos que quedaron pendientes y que se esconden como en una cripta fantasmal, que *será horizontal* cuando se asume una reparación del drama de un hermano fallecido antes de nuestro nacimiento y *será vertical* cuando reparamos el drama de algún pariente muerto que no sea nuestro hermano, pudiendo devenir del síndrome de fiestamanía. 4) *El síndrome del niño doble*; Ocurre cuando la fecha del día y del mes de nacimiento del neonato coincide con la fecha de nacimiento de algún miembro de la familia fallecido con un rango de 7 a 10 días adelante o atrás entre ambas fechas; pudiendo doblarse, además, nombres, orden de nacimiento, fechas de gestación y de defunción, línea maestra y espejos, que son fechas de nacimientos invertidas en día y mes, rara vez coincidente. 5) *El síndrome de incestos real*; Son relaciones sexuales entre los miembros de una misma familia, como por ejemplo, padres con hijos, primos con primos, tíos con sobrinos. 6) *El síndrome de Incesto simbólico*; Son relaciones sexuales con miembros de clanes diferentes, pero que, por su formación se asimilan a incestos familiares, como por ejemplo, relaciones entre padrinos y ahijadas, entre novias presentadas por hermanos o relaciones con personas bajo los nombres de nuestros padres. 7) *El síndrome de incesto profesional*; Es el uso de una profesión u oficio por mandato inconsciente de nuestros antepasados para reparar dramas o injusticias del clan, que muchas veces se reflejan con la repetición de las profesiones u oficios de nuestros padres o abuelos, que no formaran parte de nuestra identidad personal si dichas profesiones u oficios, no nos llenan o no nos producen el dinero anhelado. 8) *El síndrome de incesto geográfico*; Aquella tendencia de volver al lugar, casa o geografía de nuestros antepasados, de los que nos sentimos atraídos por fuerza del clan y de los que nos cuesta muchas veces separarnos y que terminan por producirnos miserias y pobreza económica.

Importancia del nombre en la psicogenealogía

Nuestro nombre es uno de los contratos con el que cargamos, así cuando bautizamos a un niño con su nombre le transferimos la identidad y fuerza de dicho nombre. Cuando utilizamos nombres de antepasados, de personajes históricos o novelescos, le transferimos un contrato inconsciente de la historia y dramas de ese nombre, que limitan y condicionan la libertad de nuestra identidad personal. Un nombre repetido es una fotocopia, que calca los dramas de quien lo portó en anterior instancia, en otras ocasiones, cuando en el árbol genealógico hay muchas fotocopias el nombre pierde fuerza y queda devaluado y su papel de supremacía individual no permite su trascendencia, por lo que, para detener esas repeticiones y evolucionar, la psicogenealogía recomienda cambiar el nombre.

Tanto el nombre como los apellidos encierran programas mentales. En este sentido, usar un nombre sin historia, un nombre nuevo, un nombre en blanco, nos ofrece realmente una nueva vida sin ataduras de identidades pasadas. La industria del arte lo ha comprendido muy bien, manipulando nombres convertidos en seudónimos que han impuesto fama y estilos de vida diferentes a los nombres originarios. Los nombres programan, cautivan, repudian, liberan, sencillamente influyen en la formación de nuestra personalidad.

Estudiar los nombres es igual que acceder al inconsciente. En los nombres encontramos secretos que nos permite saber cómo funciona el nombre que nos dieron. Si es de alguien significativo para quién nos nombró, nos caerá la carga de darle a éste lo que el otro no le dio. Si es de algún personaje histórico, novelesco, deportista o de algún príncipe o princesa, viviremos frustrados y fracasados si no seguimos el guión. El nombre que nos dan los padres es un archivo de GPS (Sistema de Posicionamiento Global, *"Global Positioning System"*), que nos va indicando rutas guardadas en la memoria familiar. Cambiarnos de nombre es arrojar el GPS por la ventana y empezar a recorrer nuevos caminos, conquistar territorios que no habían sido archivados por nuestro árbol, es hacernos cargo de nuestro propio destino.

Importancia del nacimiento en la psicogenealogía

Más allá de la supervivencia biológica, nacemos porque el universo nos necesita y nuestra mente sabe por herencia de la memoria psicológica de nuestro clan, quiénes somos y a qué hemos venido. La forma en la que hemos sido gestados y la forma de entrar a la vida, a través del parto natural o la traumática cesárea, nos dejan una marca que nunca desaparece. La información y percepción que recibimos desde nuestra concepción hasta el nacimiento es fundamental para el equilibrio psicológico, que determinará en cierta forma nuestra identidad, el modo en que viviremos el presente y la manera de proyectar el futuro.

No todos nacemos con la misma experiencia, ya que hay distintos tipos de madres y de partos. *La maternidad simbólica*, donde la mujer anhela quedar embarazada a toda costa, sin importar la elección del padre. *La maternidad pragmática*, aquella en la que la mujer quiere saber lo que se siente estando embarazada. *La maternidad incongruente*, donde la mujer quiere vivir el acto de *"parir"* pero después se olvida del hijo. *La maternidad compensatoria*, aquella en la que la mujer quiere tener el hijo y no soltarlo, como una propiedad personal. *La maternidad estable*, donde la mujer desea ser madre para cuidar al hijo respetando su individualidad. En fin, el sentir personal de nuestros padres al momento de gestarnos y las circunstancias particulares que rodearon nuestro nacimiento determinan con seguridad nuestra personalidad.

La cripta en la psicogenealogía

Es la información de la memoria psicológica transmitida a nosotros en la concepción, en la que se carga y deposita la memoria de algún ancestro de ambas líneas genealógicas de papa y mamá, en nuestro ADN, con el objeto de reparar en el tiempo de nuestra vida un suceso traumático de la vida de nuestro antepasado, imponiéndose ese mandato o información por encima de nuestros propósitos y anhelos de identidad personal. Esa imposición por encima de nuestros actos es llamada *"irrupción"* o *"acting"*, cuando nuestros antepasados actúan en nuestro lugar.

Esta cripta la advertimos y reconocemos porque nos trasmite una falta de apetito de vivir, de amar y/o incluso una merma en nuestra creatividad, con un indetenible sentimiento de cansancio emocional porque la cripta chupa energía en vez de dar. La cripta hace que lo que queremos y anhelamos no funcione y esta carencia viene de uno o varios elementos genealógicos, situaciones no resueltas del pasado familiar. Se la debemos a un antepasado que *"vivió o murió mal"*, bien porque cometió una falta, bien porque los vivos contribuyeron a su muerte o bien porque literalmente no vivió su vida, como por ejemplo, el fallecimiento prematuro, cuerpo lastimado o no encontrado, ahogados, niños no bautizados, suicidios, muertes violentas, fallecidos el día de sus bodas, novios que mueren juntos, mujeres fallecidas dando a luz, incestos, uniones difíciles como bodas arregladas y amores decepcionados, preferencias en el seno de la fratría, abortos, vocaciones contrariadas, crisis financieras, enfermedades y un sinfín de situaciones dramáticas.

La cripta como es una programación o biocodificación de una información en nuestro ADN psicológico, que almacena memoria de alguno de nuestros antepasados afectado por el dolor o trauma que sufrió, que la activó inconscientemente en vida mediante una frase, palabra, número, imagen o símbolo, de uso repetitivo y cotidiano por el antepasado, que usualmente era de su preferencia, se recomienda en la psicogenealogía, ser limpiada tal programación desde su interior por lo que, para desactivarla se requiere dar con los elementos que la activaron y para ello, deberá realizarse entrevista a parientes y amigos cercanos a la historia de nuestro clan, que puedan suministrarnos pistas y señales, también podría recurrirse a expertos en hipnosis, con el afán de realizarle una regresión a la persona encriptada y dar con la simbología necesaria para desactivar la programación de la cripta, la cual una vez descubierta o descifrada su clave, se expondrá en voz alta frente a testigos, momento a partir del cual, el poder negativo en el encriptado se revertirá en liberación, desapareciendo el aburrimiento, la tristeza y llegando la alegría.

A la liberación de la cripta le corresponde una clave para abrirla, una palabra o expresión verbal, que Jung, uno de los grandes exponentes del psicoanálisis moderno la llama la *"palabra de efecto mágico"*, que se apodera de la programación y no sólo lo hace inofensivo, sino que lo incorpora al sistema psíquico de modo que el poder de la persona se incrementa. Pues esa transformación a los ojos de la psicogenealogía o psicología transgeneracional, se consigue mediante los *actos simbólicos.*

Actos simbólicos psicogenealógicos

Los Actos simbólicos es todo cuanto pensamos y hacemos, son imágenes que nos define una circunstancia, una necesidad, un anhelo, una alegría, un temor, una culpa, un apego, es decir, una emoción y un sentimiento, que incide en nuestras habilidades sociales. Esta simbología lo reafirma la psicóloga Anne Ancelin

Schützenberger, el estructuralismo parental de Claude Lévi Strauss y el inconsciente colectivo de Carl Gustav Jung.

Al respecto, junto a los ya enunciados investigadores, existen una gran cantidad de autores que ofrecen como método psicoterapéutico antes los síndromes genealógicos Los Actos Simbólicos.

Curación espontánea y actos simbólicos

El médico neoyorkino Dr. Maurice Fishburg, dice *"Más del 98% de todas las enfermedades (...) tuberculosis y otras enfermedades graves, en cualquiera de sus manifestaciones, no las hemos curado sin saber que la tuvimos. En realidad han sido curaciones espontáneas; pero esto no quiere decir que se han ido solas sin razón. Si no hubiese sido por el sistema inmunológico que las atacó con armas poderosas y empleando infinita inteligencia, esas enfermedades simplemente nos hubieran matado. Hemos estado a punto de morir muchas veces en la vida y ni siquiera nos hemos dado cuenta porque el ángel salvador del organismo (sistema inmunológico) actuó de inmediato. ¿Por qué, entonces, no obra en algunos casos? Ya lo sabemos: falta de potencias."*. Esta reflexión del galeno de ciencia, nos indica que, cada generación hereda las fantasías de las generaciones anteriores acumulando mayor conocimiento y entendimiento. Los seres humanos sienten una necesidad de realizar rituales, una necesidad de contacto con un grupo como expresión de su sentido de identificación social. El ritual brinda orden y fija objetivos. La curación espontánea opera desde el inconsciente desde la programación motora de nuestro ADN y la autocuración la conseguimos cuando entendemos el proceso de nuestra red emocional y realizamos somatizaciones conscientes o reinstalamos mensajes de sanidad que sustituyan los códigos de esa lealtad genética depositadas a través de la memoria psicológica en esa relación psicogenealógica. En fin, la autocuración no solo es una respuesta inmunológica de nuestro cuerpo, sino un mecanismo que responde a los actos simbólicos y rituales de nuestra vida, que como sabemos es todo cuanto aceptamos en nuestra cultura como valor agregado emocional, dándole rango de realidad desde nuestra percepción como elemento primario de la mente.

CAPÍTULO 7

LOS RUIDOS EXPIATORIOS DE LA SANACIÓN

Psicometría

La Psicometría es la ciencia expiatoria de la mente, que explica a la psicología la medición y observación de sus estudios, haciendo uso intensivo de cálculos y análisis estadísticos matemáticos para extraer información útil a partir de la administración repetida de un mismo test a un grupo amplio de personas; Entonces, la psicometría como ciencia de los test, es el resultado del empirismo psicológico, para la aplicación metodológica de cuidados, mejoramiento y sanidad de las patologías que afectan a la mente humana y por consecuencia el comportamiento, para el fortalecimiento emocional y el manejo adecuado de las relaciones interpersonales.

Esa psicometría será en todo momento el brazo auxiliar inseparable de la Psicología y sus operadores, es decir, de la psicoterapia como herramienta para sanar la psiquis, una especie de escuela para la percepción del ser, donde el director psíquico llamado psicoterapeuta, perseguirá la curación o reducción de las enfermedades mentales y en algunos casos, bajo el auxilio farmacológico.

Los avances en el pensamiento neurocientífico, el incremento de las escuelas psicológicas y la fascinación por la complejidad de la conducta humana, ha hecho viable el desarrollo sistemático de los modelos de experimentación y observación clínica de pacientes mentales, que han sumado una vasta gama de modelos psicoterapéuticos pudiendo mencionar alguno de ellos, tales como: el psicoanálisis clásico, la psicología analítica o psicología de los complejos, el entrenamiento autógeno, el análisis bioenergético como la neuromodulación del dolor, el neurofeedback o neuroretroalimentación. Le sigue la terapia familiar sistémica, la psicosíntesis o psicoterapia breve también llamada psicoterapia de emergencia, conseguimos la hipnoterapia, la psicoterapia centrada en el cliente, la psicoterapia dinámica grupal, la psicoterapia Gestalt, la logoterapia, la programación neurolingüística o PNL, el psicodrama, la constelación familiar, el análisis transaccional (AT), entre muchísimos otros, de los que se han nutrido mediante la práctica de los test o ciencia de la psicometría.

La psicometría se vale de tres estadios: La teoría de la medición, el escalamiento y la teoría de los test. *La Teoría de la Medición*, abarca lo relativo a la fundamentación teórica de la medición. *El Escalamiento*, estudia el proceso de construcción de escalas de medida, los métodos para la construcción de escalas psicológicas y psicofísicas. *La Teoría de los Test*, evalúa esas escalas y las utiliza para medir objetos y sujetos, es decir, la lógica y modelos matemáticos subyacentes a la construcción y uso de los test, lo que termina por darle carácter de ciencia a la psicología.

La validación de un test es el proceso de acumulación de pruebas y evidencias. En 1890 Mackeen Catell propuso el nombre de *"test mentales"* que dio origen a varias ramas del saber y han sido uno de los instrumentos más utilizados en la investigación y aplicación en las ciencias del hombre, contándose *el Test de Desarrollo, el Test de Inteligencia, el Test de Aptitudes Específicas, el Test de Conocimiento y Rendimiento y el Test de Personalidad.*

Psicoterapia del psicoanálisis clásico

Fundado por el neurólogo austríaco Sigmund Freud en 1896, desarrolla la estructura del *"Ello"*, el *"Yo"* y el *"Superyó"* y por primera vez habla de la *teoría del inconsciente*, de la que se desarrollaron diversas escuelas de psicología. En 1897, coincidiendo con la muerte de su padre, Freud, aplicó a su propia persona la experiencia clínica y comenzó el estudio profundo de sus recuerdos, deseos y emociones que le permitieron reconstruir su infancia y ello es conocido como su autoanálisis. A partir de 1919, al finalizar la guerra el psicoanálisis se convirtió en un referente de la psiquiatría y de la cultura crítica.

Psicoterapia de la psicología analítica

Creada por el suizo Carl Gustav Jung en 1913. Se diferencia del psicoanálisis clásico freudiano porque habla del inconsciente colectivo. Su terapia no usa un diván como la freudiana, sino en una silla y la duración de la sesión es de una hora, dos veces por semana, que luego pasaría a ser una vez por semana, durante unos 3 años de tratamiento global.

Psicoterapia de entrenamiento autógeno

Técnica psicoterapéutica de autoayuda basada en la concentración pasiva, de origen en el *yoga* de la India o la meditación *zen* del Japón, desarrollado por el neurólogo alemán Johannes Heinrich Schultz en 1927, que se aplica independientemente del entorno cultural y de la ideología, por lo que, cualquiera que la practique de manera adecuada alcanzará un estado de relajación profunda, sólo con el poder de su imaginación, creando sensaciones de peso en brazos y piernas, de calor en brazos, piernas, abdomen interno o plexo solar, de movimiento del corazón y del proceso respiratorio, con diferencia de temperatura entre la frente y el aire circundante, por ejemplo, *el Reiki, el Yoga*, donde si imaginas un intenso calor en tus brazos puede experimentar un aumento real de la temperatura, debido al aumento de su riego sanguíneo. El Reiki fue creado en 1922 por el budista japonés Mikao Usui. El Reiki fue exportada a occidente por el estadounidense de origen japonés Hawayo Takata, se utiliza música suave y aromas como incienso, esencias, es decir, *aromaterapia*, colocándose las manos sobre una serie de ubicaciones en el cuerpo y la energía *reiki* fluirá, sintiéndose una relajación profunda y una sensación de paz. La psicoterapia autógena utiliza la psicofisiología y el poder de la mente, como autogestión del pensamiento.

Psicoterapia de análisis bioenergético

Estudia los procesos de absorción, transformación y entrega de energía en los sistemas de neuromodulación que se emplea para aumentar o disminuir la excitabilidad de neuronas, utilizando impulsos eléctricos y sustancias tópicas en el sistema nervioso central para disminuir el dolor y conseguir una mejora neuromotriz, utilizada en la epilepsia y en la enfermedad de Parkinson. Es efectiva en cualquier patología del sistema músculo esquelético y compatible con otras técnicas invasivas como la punción seca o la electrólisis percutánea.

Neurofeedback o Neuroretroalimentación, utilizada para mejorar la conectividad de los circuitos neuronales y su neuroplasticidad, es decir, mejorar las disfunciones cognitivas, como por ejemplo, en los deportes de precisión. Entre sus técnicas encontramos el ensayo mental, las imágenes mentales y la visualización, la terapia cognitivo conductual, la biorretroalimentación, la relajación muscular progresiva y la meditación. Hammond (2007) explica cómo el entrenamiento con neurofeedback puede ayudarnos ante la ansiedad y la depresión.

Psicoterapia familiar sistémica

Surge en Alemania durante los años 30 del siglo XX, pero es el profesor de psicología estadounidense John Bell en 1951 que moderniza esta terapia. A principios de los años 70 se planteó que el modelo sistémico podría aplicarse a un solo individuo, aunque no asistiera toda la familia y supone un desarrollo de la *"Terapia Breve"*, desarrollando lo que hoy se conoce como *"Modelo de Palo Alto"* o *"Modelo de Comunicación"* llamada así en relación al lugar donde se aplicó en la Universidad Invisible, ubicada en San Francisco en los Estados Unidos de Norteamérica. En la terapia sistémica no importa tanto el diagnóstico del enfermo, sino de los patrones disfuncionales dentro del comportamiento del grupo de personas, familia, empleados, etc., para redirigir esos patrones de comportamiento directamente. No se enfoca en el problema del individuo sino en su conjunto integral u holístico.

Psicoterapia de la psicosíntesis e hipnoterapia

Descubierto por el estadounidense Milton Erickson, popularizado en los años 70 del siglo XX. En contraposición al psicoanálisis tradicional, que se basa en el pasado, la *terapia breve o psicosíntesis* acude al pasado únicamente cuando el paciente lo considera importante para solucionar su problemática del presente o cuando el terapeuta lo estime útil para ampliar la gama de posibles soluciones al problema. No se trata al individuo y a su problema en forma aislada, sino que lo considera dentro de su contexto actual y de sus interrelaciones. Una característica de la terapia breve es el trabajo en equipo, esto significa que, aunque a cada caso se le asigna un terapeuta principal, existe un grupo adicional de terapeutas que estarán pendientes del desarrollo de las sesiones a través de un circuito cerrado de televisión o de un espejo unidireccional. Los terapeutas del equipo se comunican con el terapeuta principal y comparten sus ideas, comentarios o sugerencias en vivo o en el análisis posterior, mediante el uso de videocintas. Esta psicoterapia nace a partir de la *Psicología Familiar Sistémica*.

La *Hipnoterapia*, también desarrollada por Milton Erickson, es un método que promueve cambios en el comportamiento a través de la sugestión. Se habla de varios tipos de hipnosis: 1) *Hipnosis tradicional por sugestión*, basada en la inducción de un estado de trance, una vez que la persona hipnotizada lo ha alcanzado, recibirá sugestiones en formato verbal en relación a su conducta o a sus contenidos mentales, por ejemplo, sugiriendo a la persona que abandone un hábito o una creencia negativa. 2) *Hipnosis ericksoniana*, no se realiza con sugestiones directas, sino mediante metáforas que favorecen el pensamiento creativo y reflexivo, siendo eficaz en personas refractarias a la hipnosis, que se muestran escépticas con hipnosis clásica. 3) *Hipnosis cognitivo conductual*, aplicado a problemas como alteraciones del ciclo de sueño vigilia, adicciones como al tabaco o al trastorno por estrés postraumático. 4) *Autohipnosis*, que es la autosugestión muy difundida mediante las grabaciones en formato sonoro, ayudando a reducir el nivel de estrés e induciendo relajación, como por ejemplo, para enfrentarse al miedo escénico, bajar de peso o para dejar de fumar. 5) *Programación neurolingüística o PNL*, creada por Richard Bandler y John Grinder, que, aunque no es un tipo de hipnosis, se relaciona con este método porque utiliza la sugestión a través de las metáforas y las palabras.

Psicoterapia centrada en el cliente

Propuesto por el psicólogo estadounidense Carl Rogers entre 1902 y 1987, que sustituye el término paciente por el de *cliente*, para abandonar la idea de enfermo, teniendo el mismo estatus el cliente y el psicoterapeuta, de modo que el cliente es totalmente libre para dirigir por medio de la psicoterapia su propio camino de desarrollo personal. Según Rogers, el cliente es el que lleva el peso de la terapia y no el terapeuta, sin embargo, el terapeuta tiene que ofrecer al cliente una relación que se define por tres condiciones necesarias, la empatía, la aceptación positiva incondicional y la autenticidad o congruencia.

Psicoterapia dinámica grupal

Su pionero el internista Joseph Pratt en 1922 preocupado por pacientes pobres con tuberculosis, que no que podían costear tratamiento hospitalario, decide organizarlos en grupos de apoyo que les sirvan de ayuda y de instrucción acerca del tratamiento. Formó grupos de 20 enfermos, instruyó a los miembros de cada grupo sobre cómo alimentarse, como organizar su descanso y su trabajo en el ambiente familiar que debían soportar, estimulando a sus asistentes de ser promovidos a las primeras filas del aula, observando que emergía un liderazgo que le permitió la mejoría del grupo sin necesidad de contratar un personal para ello. Pero fue Jacob Levy Moreno quien acuñó el término *"terapia de grupo"* en 1931, al dirigir una escuela de arte dramático conforme las últimas tendencias del teatro del director Stanislavski, donde se improvisaban y dramatizaban, con propósitos educativos, percatándose del efecto de ciertos papeles dramáticos sobre la vida matrimonial de una de sus actrices, descubriendo que la dramatización de los conflictos facilita su superación, con lo que se pasa del psicodrama al sociodrama.

Psicoterapia gestalt

Fue el psiquiatra Fritz Perls junto a su esposa la psicóloga Laura Perls quienes desarrollaron la terapia Gestalt, difundida en los años 70 y 80, fundamentado en el lenguaje corporal, el tono de la voz y en la importancia de ser consciente del aquí y ahora, de aceptar la responsabilidad de nuestros propios actos, abriendo paso al coaching. Utiliza la técnica de la *"silla vacía"* que consiste en crear mentalmente un personaje o situación frente a una silla vacía, el cual se expone en voz alta, todo cuanto se siente sobre él o ella, y en algunos casos se invierte el rol y se contesta por la persona o situación que se cuestionó. En el diálogo se enfrentan en términos de Perls el *"perro de arriba"* y el *"perro de abajo"*, todo aquello por lo que nos sentimos oprimidos y el rol con el que nos hemos identificado como víctimas, vale decir el *perro de abajo*.

Psicoterapia del logo o logoterapia

Fundada por el psiquiatra vienés Viktor Frankl quien acuña el término *logoterapia* en 1926 en una conferencia académica. Habla de los valores y el sentido de la vida mediante su experiencia como prisionero en un campo de concentración nazi donde pudo sobrevivir por darle un *logos*, un sentido a su existencia. Trata las enfermedades mentales buscando en el paciente un sentido a su vida. Sus técnicas más conocidas son *la intención paradójica, la derreflexión, el autodistanciamiento, la modificación de actitudes y el diálogo socrático*. La logoterapia se mueve dentro del Psicodrama, donde una dramatización realizada por el paciente, pensando que su vida se acaba en ese preciso momento, reflexionando en lo que cambiaría si tuviera una segunda oportunidad, para lograr alcanzar su *logos* o sentido de vida.

Psicoterapia de la programación neurolingüística o PNL

Creado por Richard Bandler y John Grinder en Estados Unidos en los años 70, donde existe una conexión entre los procesos neurológicos, el lenguaje y la experiencia. Sus seguidores afirman que esta psicoterapia puede mejorar las habilidades sociales y al mismo tiempo solucionar problemas como fobias, depresión, enfermedades psicosomáticas, miopía, alergia, resfriado común y trastornos del aprendizaje. La PNL opera a través de *mapas mentales*, que sirve de guía a la conducta, que se ocupa de la influencia que tiene el lenguaje sobre la *programación mental* y demás funciones atribuidas a nuestro sistema nervioso. Esta psicoterapia clasifica a las personas en visuales, auditivas y kinestésicas. Afirmando que las *personas visuales* perciben su entorno mediante el sentido de la vista, hablan más rápido de lo normal, tono de voz alto, postura rígida, respiración superficial y rápida, gustan de actividades visuales como el cine, teatro, la escultura, paisajes; En tanto que las *personas auditivas* perciben su entorno mediante el sentido del oído, por lo que poseen una postura distendida, una posición de escucha telefónica, respiración bastante amplia, voz ritmo mediano, palabras referidas a la audición, gustan de actividades auditivas como la música, contar historias, interactuar con otros, siendo finalmente, las *personas kinestésicas* aquellas que perciben el mundo a través del tacto, el gusto y el olfato, poseyendo movimientos que miman las palabras, respiración profunda y amplia, voz grave, ritmo lento con muchas pausas y gustan de actividades físicas al aire libre.

Psicoterapia del drama o psicodrama

Creada por el psiquiatra y educador estadounidense Jacob Levy Moreno, como un método de diagnóstico y de tratamiento, colocando al paciente sobre un escenario donde resuelve sus problemas con la ayuda de unos pocos actores terapéuticos. Los pacientes *actúan* sobre los acontecimientos relevantes de su vida en vez de simplemente hablar sobre ellos. Se puede realizar de forma individual y grupal, con familias, niños, adultos, parejas, válida para el tratamiento de todo tipo de trastornos mentales, bajo supervisión de un equipo de auxiliares psicoterapéuticos entrenados. El psicodrama fusiona los roles actorales como el monólogo y la proyección de futuro. La sesión prevé un escenario en el que se desarrolla un protagonista o paciente que elige el tema a dramatizar y que interpreta el papel principal, un director o terapeuta que dirige la sesión, otros auxiliares o psicoterapeutas que ayudan al psicodramaturgo e interpretan los papeles previstos en la representación y finalmente, el público que actúa como caja de resonancia, al manifestar determinadas reacciones y observaciones de forma espontánea. El dirigente debe modelar la espontaneidad y encontrar la forma de mostrar al grupo hasta donde se puede llegar, estimula a que los miembros del grupo abandonen la timidez y se desinhiban. La sesión grupal se desarrolla en 3 pasos; *El calentamiento o caldeamiento*, con un mensaje de la naturaleza del trabajo, *la dramatización*, donde el director dirige al centro del salón para comenzar la acción psicodramática y *el compartir o eco grupal*, donde los miembros del grupo ponen en común aquellos sentimientos, recuerdos o vivencias que les han venido a la mente tras realizarse la dramatización. Pudiéramos indicar que la psicoterapia de las *Constelaciones Familiares*, creada por el teólogo, pedagogo y filósofo alemán Bert Hellinger, en los años 80, es una especie de psicodrama, pero dirigido hacia las tendencias genealógicas del clan o los antepasados.

Psicoterapia de análisis transaccional (AT)

Propuesto por el psiquiatra estadounidense Eric Berne en los años 50 en los Estados Unidos, difundido en su libro *"Juegos en que participamos"* publicado en 1964, es un modelo psicoterapéutico con carácter científico para el tratamiento de trastornos psiquiátricos en Suiza y Austria. Recurre al pasado del paciente para llegar a su guion psicológico y poder identificar desde su infancia, las figuras parentales y de autoridad, necesarias para su supervivencia y moldear inconsciente para dar soluciones a los traumas y liberar al paciente de sus relaciones conflictivas con su pasado familiar. Esta psicoterapia participa en gran medida con la psicogenealogía en la identificación de las defensas del inconsciente.

CONCLUSIÓN

Seguramente has llegado al final del libro, pero al principio de tus reflexiones, posiblemente has respondido muchas interrogantes y has abandonado algunas creencias y tú alma inquieta, pero ahora atenta se dispone abrirte los espacios de nuevas percepciones. Sabes con certeza que eres química molecular cuando ríes y lloras, eres física cuántica cuando piensas en la persona que amas o traes los recuerdos de la abuela muerta y eres biología neurológica cuando ves con la empatía de las neuronas espejos, el rostro del dolor o te estremeces ante las manitos tiernas de la hija que procreaste.

Ahora, después de tanto… *¿Quién o qué, estuvo antes del big bang, esa mega explosión que dio vida al cosmos de la ciencia?…*

Por qué de las proclamas cristianas de las santas escrituras… *Génesis (1:26-27) "Y dijo Dios: Hagamos al hombre a nuestra imagen, conforme a nuestra semejanza; y ejerza dominio sobre los peces del mar, sobre las aves del cielo, sobre los ganados, sobre toda la tierra, y sobre todo reptil que se arrastra sobre la tierra. Creó, pues, Dios al hombre a imagen suya, a imagen de Dios lo creó; varón y hembra los creó."... Corintios (2:16.) "Porque ¿quién ha conocido la mente del señor, para que le instruya? Más nosotros tenemos la mente de Cristo."*

Las conclusiones de este ejemplar son de los lectores que se abrieron a la conciencia de *Los Ruidos Del Ser*, porque seguro ya estamos del universo que llevamos dentro.

GLOSARIO

Abreacción. Descarga o liberación de la tensión emocional asociada a una idea, conflicto o recuerdo desagradable reprimido. Se consigue reviviendo nuevamente la experiencia emocional penosa.

Acting. Palabra inglesa que significa interino, en funciones.

Átomo. Del griego que significa "sin división"; es la unidad más pequeña de un elemento químico que mantiene su identidad o sus propiedades, y que no es posible dividir mediante procesos químicos. Está compuesto por protón, neutrón y electrón. Los protones y los neutrones son llamados nucleones. Los protones tienen una carga eléctrica positiva, los electrones tienen una carga eléctrica negativa y los neutrones tienen ambas cargas eléctricas, haciéndolos neutros. Los electrones de un átomo son atraídos por los protones en un núcleo atómico por la fuerza electromagnética. Los protones y los neutrones en el núcleo son atraídos el uno al otro por una fuerza diferente, la fuerza nuclear, que es generalmente más fuerte que la fuerza electromagnética que repele los protones cargados positivamente entre sí. No toda la materia del universo está compuesta de átomos; de hecho, solo el 5% o menos del universo está compuesto por estos. La materia oscura, que constituye según algunas estimaciones más del 20% del universo, no se compone de átomos, sino de partículas de un tipo actualmente desconocido. También cabe destacar la energía oscura, la cual es un componente que está distribuido por todo el universo, ocupando aproximadamente más del 70% de este.

Ácidodesoxirribonucleico siglas ADN. Es un compuesto dentro de la célula de cuatro bases: adenina (A), citosina (C), guanina (G) y la timina (T); que guarda la información de las funciones orgánicas y ordena la forma de ejecutarse. Descubierto en el (Siglo XIX) en 1953 a partir de datos de difracción de rayos X. El ADN funciona como una antena cuyas características vienen determinadas por su tamaño y una molécula extendida de ADN tiene alrededor de dos metros de largo y una frecuencia de 150 megahertzios, la misma banda utilizada por el radar humano para las telecomunicaciones e ingeniería de microondas. La tecnología tiene el mismo rango de frecuencia para recibir y emitir señales que la que usa nuestro ADN.

Ácidoribonucleico siglas ARN. Es un compuesto dentro de la célula que trabaja inseparablemente con el ADN y posee cuatro bases: Adenina (A), Citosina (C),

Guanina (G), y Uracilo (U), y es el intérprete de la información del ADN y su transporte.

Análisis paradigmático. Aquel que se encarga de identificar los paradigmas, o sea, el conjunto de significantes preexistentes dentro de un texto, que incluye lo positivo o negativo de las connotaciones que se le da a cada significante. Son las oposiciones y los contrastes de significantes que pertenecen a un mismo sistema, en el texto en el que fueron utilizados.

Análisis sintagmático. Aquel que estudia la estructura y las relaciones que existen entre las partes del texto. En este análisis intervienen las dimensiones de espacio y tiempo como; Izquierda, derecha, arriba, abajo, centro, margen, ayer, hoy, esta mañana, anoche. El análisis sintagmático no solo se aplica a textos verbales sino también para audiovisuales como los films y la televisión porque los cuadros, la toma y las secuencias son relatados hacia los demás que nos describe dimensiones de espacio y tiempo. Así, por ejemplo, asociamos una cruz roja con la fundación mundial de la Cruz Roja.

Área de Broca (caso Tan-Tan). Área descubierta por el neurólogo Paul Broca, quien demostró mediante estudio al paciente Louis Victor Leborgne o simplemente *monsieur Leborgne*, que el lóbulo frontal del cerebro es la zona anatómica responsable del lenguaje. Este estudio comenzó en el año 1840 cuando *monsieur Leborgne* quien tenía treinta años de edad y quien adoleció de epilepsia desde su infancia, ingresó al Hospital de Bicêtre de París en Francia con un cuadro clínico por un fuerte ataque de epilepsia y aun cuando provenía de padres maestros y poseía una educación letrada, la pérdida de su habla no le permitió articular mayores palabras salvo la de *"tan"*, generalmente dos veces, quizás por el golpeteo grabado en su memoria por su oficio de curtidor de zapatos durante su niñez. Años después de su ingreso muere en el hospital, permitiendo al doctor Broca practicar una minuciosa autopsia, donde observó una grave lesión en el hemisferio izquierdo del cerebro, constituyendo la primera piedra del conocimiento para entender que el cerebro no es homogéneo, sino que presenta regiones diferenciadas con funciones específicas, asentándose las bases de las enfermedades del lenguaje. Irónicamente el propio Broca, quién autopsiara muchísimos cerebros de su época, fuera el suyo al final de su vida objeto de estudio.

Área de Wernicke. Es una de las áreas principales de la corteza cerebral que junto a al área de Broca nos permiten hablar e interpretar, procesar y entender el lenguaje hablado y escrito, descubierto por el neurólogo

Carl Wernicke cuando observaba individuos con daños en el lóbulo temporal posterior del cerebro, en su hemisferio izquierdo donde se localiza, aunque no siempre.

Biofilia. Amor a la vida. El primero en usar el término fue Erich Fromm en su obra "Del Arte de Escuchar, sin embargo, fue el biólogo estadounidense Edward Osborne Wilson en 1929 quien indicó que el contacto con la naturaleza es esencial para el desarrollo psicológico humano. Sostiene que los millones de años durante los cuales el homo sapiens se relacionó con su entorno de manera estrecha, creó una necesidad emocional profunda y congénita de estar en contacto cercano con el resto de los seres vivos, ya sean platas o animales; donde la satisfacción de ese deseo vital, tiene la misma importancia que el hecho de entablar relaciones con otras personas y que, así como nos sentimos bien al socializar, encontramos paz y refugio cuando vamos a un bosque, al mar, miramos muros verdes o estamos con nuestras mascotas. Algunos estudios científicos demostrando que los entornos naturales y las áreas verdes eran muy benéficos para la salud, al punto que, la Organización Mundial de la Salud (OMS) regula y obliga un mínimo de espacios verdes en áreas urbanas en función al número de habitantes. Por otro lado, Wilson es coautor del concepto de biodiversidad.

Célula. Es la unidad básica, estructural y funcional más pequeñas de los seres vivos, que autónomamente realizan funciones de nutrición, reproducción y son portadoras de información genética, compuesta por el citoplasma, el núcleo y membrana.

Ciencia. Conjunto de afirmaciones, creencias o prácticas que se presentan como un conocimiento estructurado sistemáticamente, obtenido mediante la observación de patrones regulares, de razonamientos y de experimentación en ámbitos específicos, a partir de los cuales se generan preguntas, se construyen o inducen hipótesis, se deducen principios, que luego de ser sometidos a experimentos mediante un método científico son probados como lógicos, reales y ciertos a partir del cual se elaboran leyes generales llamadas Principios o Teorías Científicas.

Conducta humana. Es la realización de cualquier actividad en la que esté implicada una acción, un pensamiento o emoción, que comunica un lenguaje, es decir, un contenido cognitivo verbal o no verbal. Las personas en todo momento, de una manera u otra manera llevan a cabo una conducta. Así, aunque estemos callados pensando, observando, resolviendo un problema mentalmente, nos comportando de alguna forma, por lo que, la ausencia de conducta no existe.

Constructo. En la psicología, es cualquier entidad hipotética de difícil definición dentro de una teoría científica, es algo de lo que se sabe que existe, pero cuya definición es difícil o controvertida; así, por ejemplo, la inteligencia, la personalidad y la creatividad, son constructos psicológicos.

Cripta. Cueva o recinto para enterrar a los muertos. Por analogía es utilizada para graficar el espacio o lugar donde se almacena la información, programación o biocodificación de la memoria psicológica de nuestros ancestros.

Déjà vu. Palabra francesa que significa ya visto, acuñado por el investigador psíquico Émile Boirac. Es un tipo de paramnesia del reconocimiento, de alguna experiencia que sentimos como si se hubiera vivido previamente, de un suceso que sentimos haberlo vivido, pero en realidad no.

Doble rendija. Experimento realizado por Thomas Young en 1801 que permitió demostrar la naturaleza ondulatoria de la luz y explicar los principios de incertidumbre de Heisenberg, el de superposición, dualidad de onda-partícula y con ella, el proceso de entrelazamiento cuántico. Si colocas una pantalla con dos rendijas y proyectas luz, esta se comporta como una onda y crea un patrón de interferencias al llegar a la pantalla posterior, tal y como muestra la segunda figura. Pero este experimento se hizo posteriormente con partículas, entre otras con electrones. Lo que cabría esperar es que las partículas atravesasen los dos huecos y chocasen contra la pantalla formando dos hileras bien definidas, como si lanzásemos canicas. Pero lo que obtuvieron fue un patrón de interferencias, incluso lanzando los electrones de uno en uno para evitar que la interferencia no fuese creada al chocar unos con otros. Se demuestra así la dualidad onda-partícula, ya que los electrones dibujan en la pantalla un patrón de interferencias, tal y como lo hacen las ondas. Se recomienda buscar en la web especialmente en YouTube este experimento para mejor comprensión visual, donde hay una gran cantidad de presentación pedagógica.

Electromagnetismo. Es una rama de la física que estudia y unifica los fenómenos eléctricos y magnéticos en una sola teoría, cuyos fundamentos fueron presentados por Michael Faraday.

Energía. Es la capacidad que tiene la materia de producir trabajo en forma de movimiento, luz, calor, etc.

Física. Ciencia de la naturaleza en el que estudia las propiedades de la materia, la energía, el tiempo, el espacio y sus interacciones; por lo tanto, estudia desde las partículas subatómicas hasta la formación y evolución del universo, así como multitud de fenómenos naturales cotidianos.

Física Cuántica o Mecánica Cuántica. Rama de la física clásica que estudia el comportamiento de la materia cuando las dimensiones de ésta son tan pequeñas que no permite conocer con exactitud la posición de una partícula o simultáneamente su posición y velocidad. Fue formulada por el físico y matemático alemán Max Karl Ernest Ludwig Planck en 1900 (Premio Novel), confirmó que es imposible conocer a la vez la posición exacta y la velocidad de una partícula atómica en un momento determinado.

Fotón. Del griego que significa "gen de luz"; es la partícula responsable del fenómeno electromagnético, es la portadora de todas las formas de radiación electromagnética, incluyendo los rayos gamma, los rayos X, la luz ultravioleta, la luz visible, la luz infrarroja, las microondas y las ondas de radio. La luz es una radiación que se propaga en forma de ondas. Las ondas que se pueden propagar en el vacío se llaman ONDAS ELECTROMAGNÉTICAS. La luz es una radiación electromagnética.

Irrupción. Ingreso impetuoso a un sitio o un acto repentino y sorpresivo. Procede del vocablo latino irruptio.

Materia. Es todo aquello que tiene masa y ocupa un lugar en el espacio, compuesto por moléculas, iones y átomos, estos últimos compuestos por protones, neutrones y electrones, presentándose en estado líquido, sólido y gaseoso.

Masa. Es la cantidad de materia que ocupa un cuerpo, medida por la inercia de este, que determina la aceleración producida por una fuerza que actúa sobre él.

Molécula. Es la partícula más pequeña que presenta todas las propiedades físicas y químicas de una sustancia que se encuentran en constante movimiento, formado por dos o más átomos unidos por enlaces químicos que se mantienen juntos y no se puede separar sin afectar o destruir las propiedades de las sustancias.

Neuróbica o aeróbica de las neuronas (músculos zero cerebrales). Es una nueva forma de ejercicio cerebral que utiliza el pensamiento y el habla como ejercicios o "terapia" para optimizar la agilidad intelectual, estimular la memoria, la creatividad y la coordinación motora, que se relacionan con el crecimiento y mudanzas de los patrones de conexión que ocurren en la arborización de las dendritas.

Partícula. Del latín que significa "masa pequeña"; es la porción más pequeña de la materia que es estudiada por la física cuántica o física de las partículas.

Pensamiento. Esta palabra incursiona ochenta y ocho veces en esta obra, lo que me comportó la necesidad de emitir un concepto personal apuntándolo como, la proyección y asociación racional o consciente de los códigos semióticos almacenados en nuestro AND inconsciente, mediante el aprendizaje y la memoria psicológica, modificable por la experiencia, que ocurre en el constructo psíquico que gestiona el hipotálamo, que puede dar inicio a la expresión del lenguaje oral, escrito y gesto espacial a voluntad del individuo.

Principio Indeterminación o incertidumbre de Heisenberg. Principio de la física cuántica o de partículas que afirma que no se puede determinar, simultáneamente y con precisión arbitraria, ciertos pares de variables físicas, como son, por ejemplo, la posición y el momento lineal (cantidad de movimiento) de un objeto dado. En otras palabras, cuanta mayor certeza se busca en determinar la posición de una partícula, menos se conoce su cantidad de movimiento lineal y, por tanto, su velocidad. Esto implica que las partículas, en su movimiento, no tienen asociada una trayectoria bien definida.

Principio de Superposición. Principio de la física cuántica o de partículas que afirma que las partículas pueden estar en muchos sitios al mismo tiempo o de muchas maneras.

Prolegómenos. Nombre masculino usado usualmente en plural que proviene del griego que significa *"antes de decir"*. Este término señala una introducción generalmente larga, ubicada al inicio de una obra o bien señala un conjunto de nociones preliminares a una ciencia.

Prosumidores. Término acuñado en 1980 por el escritor Alvin Toffler en su libro *"La Tercera Ola"*, que fusiona las palabras productor y consumidor, refiriéndose a los creadores de contenido en las redes sociales.

Pseudociencia. Conjunto de afirmación, creencias o prácticas que se presenta como una ciencia, sin haber cumplido con un método científico que haya probado la hipótesis de dichas afirmaciones, creencias o prácticas, careciendo de respaldo de evidencias tangibles o medibles que pueda ser comprobada de forma fiable por la comunidad científica mediante la contradicción del raciocinio.

Pseudociencia y la protociencia. Lo que comparten. Que en todas se induce o planteas hipótesis y se observa el fenómeno.

Pseudociencia y protociencia. Lo que no comparten. Que en la ciencia el experimento es probado y funciona convirtiendo la hipótesis en teoría y ésta en Ley o Principio, en tanto que en las otras dos no se llega a probar experimentalmente y continúan las interrogantes.

Pseudociencia y protociencia. Diferencia. Que la primera la consistencia de lo que se afirma hipotéticamente es más consistente con el conocimiento científico que la segunda. Es cuestión de grado y por ellos, se sitúa muchas veces la pseudociencia y la protociencia como sinónimos.

Soma o pericarion. Es el núcleo de la neurona y de la cual se derivan sus otras partes, como las dendritas y axón. En él se encuentran las instrucciones genéticas presentes en el ADN. Se encarga de producir y mantener el nivel de energía suficiente para que la célula pueda seguir funcionando, ya que lleva a cabo la síntesis de la mayor parte de neurotransmisores y en consecuencia recibe y envía la información nerviosa. Por ello se le asocia al reflejo.

BIBLIOGRAFÍA

Agustín Spangenberg Morelli (2015): Neurobiología del Estrés. Universidad de la República Uruguay. Facultad de Psicología.

Agustín Spangenberg Morelli (2015): Neurobiología del estrés. Universidad de la República de Uruguay, Montevideo, Facultad de Psicología.

Alejandro Jodorowsky (2007): Psicogenealogía, Psicomagia.

Alejandro Jodorowsky y Marianne Costa (2011): Metagenealogía, el árbol genealógico como arte, terapia y búsqueda del yo esencial.

Alexandra Fajardo y Ana Lucía Guzmán (2016): Neurofeedback, aplicaciones y eficacia. Centro Interamericano de Investigaciones Psicológicas y Ciencias Afines, Buenos Aires, Argentina. Interdisciplinaria, vol. 33, número 1.

Alfonso Berardinelli (2015). El intelectual es un misántropo. Editorial Ediciones El Salmon.

Amparo Belloch y Héctor Fernández Álvarez (2002): Trastornos de la Personalidad.

Ana Belén López Solano (2014): Física Cuántica y Emociones. Universidad de Barcelona

Arthur C. Guyton (1994): Anatomía y Fisiología del Sistema Nervioso: Neurociencia Básica. Editorial Panamericana.

Augusto Vels (1984): Los Mecanismos de Defensa bajo el Punto de Vista Psicoanalítico. Barcelona, España.

Brian Clegg (2018): La Biblia de la Física Cuántica.

Carl Gustav Jung (1995): Energética Psíquica y Esencia del Sueño. Editorial Paidós. Buenos Aires.

Carlos J. Álvarez González (1999): El estudio científico de la mente.

Carlos Mario Aslan (2008): Modelos Teórico Clínicos en el Psicoanálisis Latinoamericano. Revista Latinoamericana de Psicoanálisis. Vol. 8.

Claude Levi Strauss (2009): Las Estructuras Fundamentales del Parentesco

Clemencia Araujo Herrera y Mónica Almeida Rodríguez (2014): La Psicogenealogía, una herramienta en la medicina. Universidad Cooperativa de Colombia. Facultad de Medicina.

Diego Alonso Castrillón, Paola Alejandra Ortiz y Fernando Vieco (2004): Cualidades Paramétricas del Cuestionario de Agresión (AQ) de Buss y Perry en Estudiantes Universitarios de la Ciudad de Medellín. Facultad Nacional de Salud Pública,

Universidad de Antioquia, Colombia. Revista Facultad Nacional de Salud Pública. Vol. 22 No. 2.

Edgar Orlando Arroyave (2010): Esbozo de una Psicología Genealógica, (Individuo y Cultura). Universidad de Antioquia. Departamento de Psicología, Facultad de Ciencias Sociales y Humanas.

Elisabeth Horowitz (2016): Los Actos Simbólicos, psicología y magia de los gestos que liberan. Ediciones Obelisco.

Elisabeth Horowitz y Pascale Reynaud (2002): Liberarse del Tiempo Genealógico, modo de borrar el programa del propio destino por la Psicogenealogía.

Enrique Echeburúa Paz de Corral (1999): Avances en el Tratamiento Cognitivo Conductual de los Trastornos de Personalidad. Universidad del País Vasco. Facultad de Psicología.

Florencia Daneri (2012): Psicobiología del Estrés. Universidad de Buenos Aires. Facultad de Psicología.

Guillenno Davinson Pacheco (2006): Herramientas de Investigación Social: Guía Práctica del Método Genealógico. Coedición, Universidad de la

Frontera de Chile y Universidad Iberoamericana de México. 1ra. Edición.

Héctor Hernández Rosas (2016): Biofilia, el clima como experiencia artística. Universidad Complutense de Madrid.

Herminia Pasantes (2013): De Neuronas, Emociones y Motivaciones. 2da Edición.

Irene Fernández Pinto, Belén López Pérez y María Márquez (2008): Empatía: Medidas, teorías y aplicaciones en revisión. Universidad de Murcia, España.

J. Tirapu Ustárroz, G. Pérez Sayes, M. Erekatxo Bilbao y C. Pelegrín Valero (2007): ¿Qué es la teoría de la mente?

Janter Laak (1996): Las Cinco Grandes Dimensiones de la Personalidad. Revista de Psicología. Vol. XIV. N° 2. Universidad de Utrecht.

Javier Moltó (2008): Investigación en Psicofisiología y en Neurociencia Cognitiva y Afectiva. Vi Congreso de la Sociedad Española de Psicofisiología.

Jesús Casla (2017): Descodificación Bio-Transgeneracional. Secretos y claves del árbol genealógico. Ediciones Natural.

Jesús García Sevilla (1996): Receptores para Neurotransmisores.

John J. Medina (2011): Exprime tus Neuronas: 12 Reglas Básicas para Ejercitar nuestra Mente. Editorial Ediciones Gestión 2000.

Juan Lerma (2010): Como se Comunican las Neuronas.

Leonardo Peskin (2006): El Diagnostico Psicoanalítico, subjetividad y procesos cognitivos. Universidad de Ciencias Empresariales y Sociales. Buenos Aires, Argentina.

Lucas Elizalde (2015): Despierta tu ADN Espiritual.

María Matalinares, Juan Yaringaño, Joel Uceda E., Erika Fernández A., Yasmin Huari T., Alonso Campos G., Nayda Villavicencio C. (2012): Estudio Psicométrico de la Versión Española del Cuestionario de Agresión de Buss y Perry. Universidad Nacional Mayor de San Marcos, Lima, Perú. Revista de Investigación en Psicología.

Martha Patricia Sánchez Miranda y Arturo De la Garza González (2015): Biofilia y Emociones: su Impacto en un Curso de Educación Ambiental. Universidad Autónoma de Nuevo León. Revista Iberoamericana de las Ciencias Sociales y Humanísticas, Vol. 4, Núm. 8.

Masaru Emoto (2002): El Mensaje del agua.

Matteo Rizzato y Davide Donelli (2018): Yo soy tu Espejo, Neuronas Espejo y Empatía.

Merfi Raquel Montaño Sinisterra, Jenny Liliana Palacios Cruz y Carlos Andrés Gantiva Díaz (2009): Teorías de la Personalidad, un análisis histórico del concepto y su medición. Universidad de San Buenaventura, Bogotá, Colombia.

Miguel Pallares (2010): Emociones y Sentimientos. Editorial Marge Books.

Nelly Schnaith (1990): La Perversión del Consumo y la Patología de la Felicidad. Centro de Investigaciones y Estudios de Género de la Universidad Nacional Autónoma de México.

Otto F. Kernberg (1992): Trastornos Graves de la Personalidad. Editorial Manual Moderno S.A.

Pilar Martin Lobo (2011): Inteligencias Múltiples.

Ricardo Cuadrado Tapia (2008): Las Células de la Mente.

Richard P. Bentall (1992): Proposición para Clasificar la Felicidad como un Trastorno Psiquiátrico. Journal of Medical Ethics.

Sonja Lyubomirsky (2008): La Ciencia de la Felicidad: un método probado para conseguir el bienestar. Barcelona. Ediciones Urano.

Umberto Eco (2000): Tratado de Semiótica General, Editorial Lumen, quinta edición, España. Traducción de Carlos Manzano.

Vicente Pérez Fernández y Andrés García García (2005): Análisis Funcional de las Estrategias Psicológicas de Terror en el Cine. Universidad Nacional de Educación a Distancia

Virginia Vaz Orta (2013): La Comunicación no Verbal en la Península Ibérica: Análisis contrastivo entre España y Portugal. Universidad de Cantabria.

Visitación Alcalá, Manuel Camacho, Samuel L. Romero y Nuria Blanco (2013): La Falta de Empatía: ¿Un Síntoma Específico de la Esquizofrenia? Hospital Universitario Virgen Macarena, Sevilla, España. Revista de Psicopatología y Psicología Clínica. Vol. 18, N.º 1.

Walter Riso (2015): Amores altamente Peligrosos.

Wikipedia en español (2001): Enciclopedia de contenido libre.